De *K* van *K*asper

Van Karel Eykman verschenen bij De Harmonie:

De werksters van half vijf
De vreselijk verlegen vogelverschrikker *Zilveren Griffel*
Detectivebureau De Helpende Hand
Liefdewerk oud papier *Vlag en Wimpel*
Ruim je kamer op
Wie verliefd is gaat voor *Vlag en Wimpel*
Liefdesverdriet *Gouden Griffel*
Het Fort van Sjako *Vlag en Wimpel*
De watertelefoon
Sneeuwwitje en de zeven krakers
Lastige portretten *Vlag en Wimpel*
Floortje en de Tempolino's
Koppen dicht!
De heimweeplant
Op blote voeten door de nacht
Mijn hoofd in de wolken
Link
Rondje Rotjeknor
Hans en Grietje in Jimmie Jammie Bobbyland
Op wie ben jij?
Zonder liefde ben je nergens
De kantoortoren van Babel
Zonder liefde ben je nergens (cd)

Karel Eykman

De *K* van *K*asper

Met tekeningen van
Patsy Backx

Uitgeverij De Harmonie, Amsterdam

Inhoud

Het aldervroegste jongetje

Als Kasper 's ochtends wakker wordt is het gek licht om hem heen. Het lijkt een beetje op avond, net alsof er nog een restje donker over is.

Hij gaat zijn kamer uit en loopt op blote voeten de huiskamer in. Het is er heel stil, geen ding dat geluid maakt. Mamma slaapt nog, pappa slaapt nog, de poes slaapt nog en hij wil ze niet wakker maken, want hij heeft nu de hele grote kamer voor zich alleen.

Hij kijkt om het gordijn heen door het raam naar buiten. Er is niets

en niemand op straat, geen auto, geen bromfiets, geen meneer, geen mevrouw, geen kind en geen hond. Er staan alleen een paar geparkeerde auto's naast de stoep te slapen. Ook het stoplicht doet niet mee. Hij doet geen rood en geen groen, alleen maar oranje aan en uit, aan en uit en uit en aan.

Kasper hoort twee vogeltjes fluiten en kwebbelen. Anders hoort hij ze nooit omdat er altijd veel lawaai is in de straat. Maar nu alle auto's en brommers in de stad hun mond houden, durven die vogels wel herrie te maken en Kasper luistert ernaar.

Hij blijft een hele tijd staan kijken.

'Wat doe jij hier?' hoort hij opeens achter zich.

Daar is mamma in haar pyjama.

'Gewoon,' zegt Kasper. 'Ik was wakker en toen dacht ik, ik ga maar eens naar buiten kijken.'

'Maar lieverd,' zegt mamma, 'weet je wel hoe laat het is? Het is half zes in de ochtend! Iedereen slaapt nog. Ik ben alleen even uit bed gegaan omdat ik naar de wc moest. Maar nu ga ik weer slapen en jij ook. Kom maar mee, dan breng ik je naar je lekker warme bedje.'

Als mamma hem instopt zegt Kasper: 'Mam, ik was toch maar het enige kindje in de hele stad dat wakker was, hè?'

'Ja hoor,' zegt mamma. 'Jij bent het aldervroegste jongetje van de hele wereld.'

Maar Kasper hoort het niet meer, want hij slaapt al.

Aaien halen

Pappa komt thuis en Kasper rent op hem af. Hij klemt zich aan pappa's been vast en duwt zijn hoofd tegen hem aan.

'Wat is er?' vraagt pappa verbaasd. Maar Kasper zegt niks. Als pappa in zijn stoel zit klimt hij bij hem op schoot en duwt nu zijn hoofd tegen pappa's schouder, zo hard mogelijk.

'Wat heeft dat joch toch?' vraagt pappa aan mamma.

'Ik weet ook niet wat er met hem is,' zegt mamma. 'Vanmiddag stond hij ook al hard met zijn kop tegen mijn billen te bonzen.'

'Wat hoor ik nou,' zegt pappa tegen Kasper, 'was jij tegen mamma's billen aan het bonzen?'

Kasper lacht. Hij gaat met zijn hoofd langs pappa's schouder en zegt 'Miauw!'

'Wat zei je daar?' vraagt pappa. 'Ik kon je niet goed verstaan.'

'Ik zei miauw,' zegt Kasper. 'Dat komt omdat ik bezig ben met aaien halen. Dat heb ik van poes Babet geleerd. Die noemt dat kopjes geven. Poes geeft kopjes als hij geaaid wil worden. En als hij niet geaaid wordt, geeft hij kopjes om zichzelf te aaien.'

'O, was dat de bedoeling,' zegt mamma. 'Had dat dan meteen gezegd. Ik dacht al, wat wil je toch?'

Mamma geeft Kasper een knuffel en pappa krijgt ook een zoen van haar.

Dan komt poes Babet er aan. Die trippelt naar Kasper toe en geeft hem spinnend en ronkend een kopje.

Opa vangt een vis

Als opa door de gang hun huis binnenkomt, holt Kasper hem tegemoet. Het is altijd leuk als opa op bezoek komt, want met hem erbij gebeurt er vaak iets grappigs.

'Opa, weet je wat we vandaag eten?' zegt Kasper. 'Vissticks met gebakken aardappeltjes.'

'Is dat echt zo?' vraagt opa in de keuken aan mamma. 'Dat meen je toch niet, hè? Vissticks is helemaal geen vis. Het is witgewassen en gemalen kippenstront waar ze vissensmaak doorheen geroerd hebben!'

'Maar Kasper vindt het juist lekker, pa,' zegt mamma.

'Nietwaar Kasper?' Kasper knikt wel driemaal.

'Jongen,' zegt opa, 'ik zal jou eens echte vis laten proeven. Geef mij die grote zeef daar eens aan, dan ga ik er nú eentje vangen in de gracht.'

Hij steekt nog gauw een marsreepje van de schaal op het aanrecht in zijn zak en gaat de deur weer uit met de zeef onder zijn arm.

Kasper begrijpt er niets van.

'Wat gaat opa nou weer doen?' vraagt hij aan mamma.

'Kind, ik wou dat ik het wist,' zegt mamma. 'Je weet het nooit met opa. Dat was al zo toen hij alleen nog maar mijn pappa was.'

Kasper gaat mamma maar helpen met aardappels in plakjes snijden. Hij is daar bijna mee klaar als opa opeens weer binnenkomt.

In de zeef heeft hij een plastic tas en daarin zit een hele grote dikke vis, net zo lang en dik als Kaspers hele arm.

Opa legt de vis voorzichtig op het aanrecht neer.

Kasper kijkt er met grote ogen naar. Het is zo'n mooi beest met al die kleine zilveren schubbetjes keurig aan elkaar. Hij is natuurlijk wel dood, maar hij ligt nog steeds met zijn bolle oog te staren. Dat vindt Kasper grappig. Hij voelt er even met zijn vingers aan.

'Hoe heet de vis, opa?' vraagt hij.

'Het is een zogenaamde joekel,' legt opa uit, 'een eerste klas joekel.

Dat is een bijzonder lekkere soort vis. Ik zag hem zwemmen in de gracht. Er is daar zo'n houten aanlegsteiger, daar ben ik op gaan liggen, en ik hield mijn marsreep vlak boven het water. "Kom maar joekel," riep ik, "wil je dit hebben?" Nou, hij kwam meteen toehappen. Ik pak mijn zeef en schep hem zo, huppakee, het water uit. Jazeker, geloof je me niet? Hier, kijk dat marsreepje heb ik nog.'

Mamma doet nu een lekker smeerseltje over de vis en ze doet ook wat tomaatjes erbij. Dan gaat alles in een grote schaal de oven in om lekker warm te worden. Een tijdje later kunnen ze aan tafel om de joekel op te eten. Opa snijdt er heel netjes een mooi wit stuk af waar geen graten in zitten. Dat is voor Kasper. En die smikkelt het lekker op.

'Nou,' zegt opa, 'wat is nou lekkerder, deze joekel of zo'n visstick?'

'De joekel natuurlijk,' zegt Kasper met volle mond.

'En wat is het allerlekkerste van de hele wereld?' vraagt opa.

'Dat marsreepje,' zegt Kasper, 'mag ik die nou als toetje?'

Zelfkietel

Kasper verveelt zich. Zijn blokken doen geen torentjes zoals hij dat wil, ze vallen alleen maar om. En pappa zit al die tijd een krant te lezen met veel letters en weinig plaatjes. Stomme krant, stomme pappa.

Daarom zegt Kasper: 'Pap, ik verveel me. Ik ben al de hele middag aan het saaien.'

'Ga dan wat leuks doen,' zegt pappa, 'iets waar je mee lachen kan of zo.' Dan leest hij weer verder in zijn krant.

'Pap,' zegt Kasper weer, 'ik weet niets om te lachen.'

Pappa zucht en legt de krant weg. 'Kom maar hier,' zegt hij, 'dan zal ik je laten lachen tot je het niet meer hebt van het lachen.'

Dan gaat hij Kasper kietelen. Eerst een beetje gekrabbel bij zijn tenen, dan een beetje gekriebel onder zijn armen en dan heel hard kietel-kietel-kietel op zijn buik.

Kasper moet daarvan giechelen, want hij kan daar niet tegen. Hij moet er ook steeds meer van lachen, hij kan het gewoon niet laten.

Als pappa even ophoudt, kan Kasper uitrusten van het lachen. Maar hij zegt toch: 'Nog een keer, nog een keer.'

'Nee,' zegt pappa. 'Ik blijf niet aan de gang. Nu jij. Nu is het jouw beurt om mij te kietelen.'

Dat wil Kasper best wel eens proberen. Zijn handjes krabben, kriebelen en kietelen pappa's buik overal.

Eerst probeert pappa er ernstig bij te kijken, maar daarna gaat hij toch een beetje grinniken en ook lachen, steeds harder. Ten slotte schatert hij het uit.

'Hou op, hou op!' roept hij. 'Hier kan ik echt niet tegen. Weet je wat trouwens echt moeilijk is, Kasper? Dat is: jezelf aan het lachen maken door jezelf te kietelen. Dat is heel gek. Als iemand anders je kietelt, moet je lachen, maar als jij jezelf kietelt, lukt dat niet. Echt waar, probeer het maar.'

Kasper probeert het. Hij krabbelt aan zijn tenen, hij kriebelt onder zijn armen, hij kietelt zijn buik, maar er komt geen lachen van.

'Zie je wel,' zegt pappa. 'Jij kan er niets van. Laat mij maar eens. Dan zal ik het voordoen.'

Pappa krabbelt in zijn zij en kietelt heel hard zijn eigen buik. 'Ha! Ha! Ha!' roept hij heel hard. 'O, o, o, wat moet ik lachen! Ha, ha! Ik bescheur me! Ik lig in een deuk!'

Hij valt van de bank en ligt op de grond te rollen van de lach. Kasper vindt het maar gek.

'Stop mij, help mij!' roept pappa. 'Ik houd mij niet meer. Ik kan niet meer tegen mij.'

Dan komt mamma de kamer binnen. 'Wat is hier aan de hand?' vraagt zij.

'Gewoon, Kasper en ik zijn aan het zelfkietelen,' zegt pappa. 'Dat zie je toch?'

Hij pakt mamma en kietelt haar. En mamma kietelt Kasper. En Kasper kietelt pappa weer. En maar lachen en maar lachen.

Vanuit de vissenkom

In Kaspers kamer staat een vissenkom, boven op de kast, naast zijn bed. In de vissenkom woont de goudvis die Jansen heet. Die naam heeft Kasper niet verzonnen, hij heette gewoon allang Jansen, toen hij hier in de kom kwam zwemmen.

Iedere ochtend heel vroeg kijkt Kasper naar hem.

Jansen is een mooie oranjeglimmende goudvis. Hij heeft een waaierzwaaistaart en doorzichtige zwabbervinnen aan de zijkant. Hij kan heel goed onder water wiebelen, dat is een soort van zwemdansen.

'Goejemorgen Jansen,' zegt Kasper. Maar Jansen zegt nooit iets terug.

Kasper zwaait naar Jansen, maar Jansen zwaait nooit terug.

Kasper tikt tegen het glas, maar Jansen kijkt geeneens om. Hij doet alleen zijn mondje open en dicht en kijkt sloom om zich heen in zijn eentje.

Eigenlijk vindt Kasper Jansen maar een saai dier. Je kan niet met hem spelen en je kan niet met hem praten. Je kan hem niet optillen en knuffelen met je armen om hem heen. Je kan eigenlijk niks met hem.

Hij blijft maar achter glas en onder water zitten met zijn bolle ogen. Zo heb je niets aan hem.

Hij mag dan mooi zijn en misschien is hij nog lief ook, maar dat laat hij toch niet merken. Stom beest gewoon.

Dan steekt Kasper heel voorzichtig zijn pink in het water. Het is alsof hij Jansen een hand wil geven, heel voorzichtig. En Jansen de vis zwemt langzaam naar Kaspers pink toe. Kasper houdt zich doodstil.

De vis snuffelt even aan Kaspers vinger. Daarna geeft hij een heel klein hapje. Het lijkt haast wel een zoentje.

Uiteraard inderdaad

Opa is op bezoek bij Kasper. Dat doet hij wel vaker op woensdag.

'Opa weer een bakkie koffie?' vraagt mamma.

En opa zegt: 'Uiteraard, inderdaad.'

'Ook weer vier klontjes suiker erin?' vraagt mamma.

En opa zegt: 'Uiteraard, inderdaad.'

Als opa zijn koffie met vier klontjes zit te drinken vraagt Kasper: 'Opa, wat is dat eigenlijk, "uiteraar inne daar"?'

Opa neemt eerst nog een slok koffie, kijkt Kasper ernstig aan en dan zegt hij: 'Je bedoelt zeker "uiteraard, inderdaad". Tja, dat betekent eigenlijk niks anders dan gewoon "ja". Meer is het niet. Maar "uiteraard, inderdaad" duurt langer dan "ja". Dus dat vind ik veel mooier en deftiger klinken. Vind je ook niet?'

‘Uiteraard, inderdaad,’ zegt Kasper en opa knikt.

Die middag gaat Kasper met opa naar de slager want mamma heeft extra gehakt nodig, omdat opa ’s avonds blijft eten.

Opa koopt een pondje gehakt. Als de juffrouw van de winkel het inpakt, vraagt ze aan Kasper: ‘Wil jij soms een plakje worst?’

‘Uiteraard, inderdaad,’ zegt Kasper.

Dan moet de juffrouw van de winkel ineens heel hard lachen. ‘Jij bent me er eentje,’ zegt ze.

Buiten op straat zegt Kasper: ‘Waarom zegt zij dat ik er eentje ben? Waarom lacht ze me uit? Is dat alleen omdat ik “uiteraard-inderdaad” zeg? Nou dat vind ik goed stom.’

Nu moet opa ook lachen, maar hij lacht Kasper niet uit. Hij zegt: ‘Ik denk dat die juffrouw moet lachen omdat je zo’n leuk eigenwijs mormel bent.’

‘Jaja,’ zegt Kasper tegen opa, ‘ben jij dan ook een leuk eigenwijs mormel? Want jij zegt ook altijd maar “uiteraard-inderdaad”.’

Stoppen bij groen

Onderweg van de slager terug naar huis houdt Kasper opa's hand goed vast. Want hij weet dat ze zo meteen bij een kruispunt komen met stoplichten. En opa mag niet doorlopen als het stoplicht rood is. Dat weet Kasper heel goed.

Bij het kruispunt staat het stoplicht op rood.

Kasper en opa blijven keurig netjes staan wachten net als de andere grote mensen die naast ze staan.

Dan komt er opeens een groen, lopend mannetje tevoorschijn op het stoplicht. Iedereen loopt nu op een holletje naar de overkant.

Maar opa niet. Die blijft stokstijf staan.

'Toe nou, opa,' zegt Kasper. 'Vlug nou. We mogen!'

Hij trekt opa aan zijn mouw, maar opa wil niet.

'Ik heb toch geen haast?' zegt hij. 'Moet ik oversteken omdat dat groene mannetje van het stoplicht het zegt? Ik bepaal zelf wel wanneer ik wil lopen en wanneer ik stilsta.'

'Maar opa,' zegt Kasper. 'We moeten nu echt vlug naar de overkant. Zo meteen is het weer rood en dan kan het niet meer.'

'Nou én?' zegt opa. 'Wat geeft dat nou? Wat kan het schelen? Ik heb van de politie toestemming gekregen om voor groen stil te staan. Doorlopen bij rood mag ik niet, maar stilstaan bij groen mag ik lekker wel.'

Kasper kijkt opa aan. Dat vindt hij toch wel heel bijzonder, dat hij een opa heeft die van de politie mag stilstaan bij groen.

Het stoplicht is intussen alweer heel lang rood.

Het volgende moment springt het licht weer over naar het groene wandelende poppetje.

Iedereen holt naar de overkant. Maar Kasper en opa stappen doodkalm op het zebrapad en heel rustig en keurig steken ze langzaam, stapje voor stapje, over.

Kakkepoepedijne

Op donderdag is mamma altijd ’s middags aan het werk, dan helpt ze met boeken uitlenen in de bibliotheek. Dus elke donderdag komt opa op Kasper passen en zo kan Kasper ook op opa passen.

‘Nou hebben wij het rijk alleen, ouwe reus,’ zegt opa tegen Kasper. ‘Wij gaan eerst maar eens boodschappen doen in de supermarkt. Een blikje cola voor jou, een blikje bier voor mij, een zak spekkies voor jou, een zakje pinda’s voor mij. Kom op, we gaan.’

Als ze buiten lopen, zien ze aan het eind van de straat een lange jongen aankomen met een grote hond. Kasper is niet bang voor die hond want hij kent die jongen wel. Het is Jaap van de buren met de hond van de buren.

Dus als ze vlakbij zijn zegt Kasper doodleuk tegen die Jaap: ‘Dag meneer de koekepeer.’

En de grote jongen Jaap moet lachen en zegt: ‘Dag Kaspertje, gaat-ie lekker?’

‘Nou, nou,’ zegt opa even later. ‘Jij durft zeg. Jij durft zomaar “koekepeer” tegen die vent te zeggen. Dat zou ik nooit durven.’

‘Ach ja,’ zegt Kasper stoer. ‘Ik durf eigenlijk alles.’

‘O ja?’ zegt opa. ‘Durf jij alles? Opschepper. Durf jij dan ook de speelgoedwinkel daar op de hoek binnen te gaan? Durf je dat? Mooi.

En durf je dan ook aan de meneer van de winkel te vragen: “Hebt u ook kakkepoepedijne?” Nee hè, jij durft vast niet te vragen naar kakkepoepedijne. Dat durf je niet!’

Tja, Kasper had gezegd dat hij alles durfde, dus nu moet hij eigenlijk wel alles durven, vindt hij. Maar eigenlijk vindt hij het eng, heel eng. Zomaar die speelgoedwinkel binnen lopen met zo’n rare vraag.

‘Ja opa, weet je,’ zegt hij. ‘Ik durf het misschien wel per ongeluk een beetje, maar dan moet jij wel met mij meekomen, anders doe ik het niet.’

'Oké,' lacht opa. 'Ik ga met je mee. Want ik ben heel erg nieuwsgierig.'

Ze gaan de winkel in. Kasper kijkt eerst maar eens wat rond. Hij is te verlegen om aan de meneer van de winkel te vragen naar dat 'kakkepoepedijne'. Hij bekijkt de rode autootjes die op de onderste plank staan en opa kijkt naar de barbiepoppen op de bovenste plank.

Maar dan komt de meneer van de winkel naar ze toe. En hij vraagt: 'Kan ik u ergens mee helpen of kijkt u alleen even rond?'

'Wat moet ik ook alweer vragen?' fluistert Kasper naar opa.

'Jij moet vragen: "Hebt u ook kakkepoepedijne"?' fluistert opa terug in zijn oor. 'Vooruit, zet hem op. Kakkepoepedijne.'

Kasper zucht even en dan doet hij een stap naar voren.

'Meneer,' zegt hij zo flink mogelijk. 'Hebt u ook... kakkepoepedijne?'

Hij moet giechelen van de zenuwen.

De meneer van de winkel kijkt hem streng aan en zegt: 'Wat zei je daar jongeman? Heb ik goed verstaan wat jij daarnet vroeg?'

Kasper moet nu nog harder giechelen. Hij wil zich gauw verstoppen achter opa's knieën.

Opa aait hem over zijn bol.

'Het is wel in orde hoor,' zegt hij tegen de meneer. 'Deze jongen wilde alleen maar even weten of u ook kakkepoepedijne hebt.'

'Juist, ja,' zegt de winkelmeneer. 'Kakkepoepedijne zegt u? Dat is nu jammer. Toevallig heb ik gisteren net de laatste, eh, kakkepoepedijne verkocht. Maar volgende week heb ik weer nieuwe kakkepoepedijne.'

'Geen kakkepoepedijne?' zegt opa. 'Shit. Nou geef me dan maar zo'n rood autootje daar.'

De meneer pakt het autootje in en opa betaalt het.

Als ze weer buiten op straat zijn geeft opa het rode autootje aan Kasper. 'Alsjeblieft,' zegt hij, 'dat heb je wel verdiend.'

'Maar opa,' zegt Kasper, 'wat is kakkepoepedijne eigenlijk?'

'Weet ik veel,' zegt opa. 'Die man had het niet in zijn winkel, dus hoe kan ik het dan weten? Maar misschien weten wij het volgende week wel. Want dan heeft hij weer nieuwe kakkepoepedijne.'

De versiering

Het is nog heel vroeg, maar Kasper is al wakker. Hij is wakkerder dan pappa en mamma, want die slapen vast en zeker nog.

Hij klimt zijn bed uit en gaat eerst maar eens naar de wc. Dat doet hij altijd als hij net wakker is.

Als hij klaar is met poepen trekt hij van de rol wc-papier aan de muur een stukje af.

Maar er rolt per ongeluk meteen een heel eind papier vanaf, het lijkt wel een meter. Dat is veel meer dan Kasper nodig heeft, wat moet hij daar nu mee?

Hij gaat met dat lange eind papier de grote kamer binnen en kijkt eens om zich heen. Dan hangt hij het heel voorzichtig over de achterkant van mamma's stoel aan tafel.

Dat staat heel mooi. Het lijkt wel een feeststoel.

Maar Kasper gaat door, hij gaat terug naar de wc.

Daar trekt hij nog meer velletjes van de rol, tien, twintig, wel honderd, één meter, twee meter, wel tien meter. Weet je wat, denkt hij, dan neem ik toch gelijk de hele rol mee?

En dat doet hij dan ook.

Hij maakt een lange slinger van de dikke rol.

Die gaat van de bank naar de grote groene plant in de hoek. Vandaar gaat de lange sliert papier naar de tv en dan met een boogje naar de cd-speler.

Zo gaat hij de hele kamer door. Hij is bijna klaar als mamma in haar ochtendjas de kamer binnenkomt.

'Wat heb je nou weer gedaan?' vraagt ze.

'Nou gewoon,' zegt Kasper, 'de kamer even versierd. En jouw stoel ook dus. Voor je verjaardag dus. Goed hè?'

'Maar lieverd,' zegt mamma. 'Ik ben nog lang niet jarig.'

'Geeft niet,' zegt Kasper. 'Ik dacht alleen maar, als ik je stoel nu al versier is dat alvast gebeurd.'

Dan komt pappa in zijn pyjama de grote kamer binnen. Zijn broek is een beetje afgezakt.

'Het pleepapier is op,' zegt hij alleen maar.

Hij kijkt om zich heen, pakt een heel stuk versiering van de bank, scheurt dat los en gaat er vlug mee terug naar de wc.

Kasper vindt dat maar raar, zo'n pappa. Die haalt zomaar papier weg zonder naar zijn versiering te kijken! Nou ja zeg.

Maar mamma moet lachen.

De bruis-wc

Kasper gaat met mamma winkelen want vandaag is er markt op het plein aan het eind van hun straat. Er staan allemaal kramen op een rij, grote houten tafels met een tentdakje erboven.

Bij de ene dikke meneer koopt mamma lekkere kaas. Bij de andere dikke meneer neemt ze een zak grote appels en Kasper mag alles helpen dragen.

Na afloop mogen ze naar de snackbar op de hoek om wat te gaan snoepen. Dat is altijd zo als er markt is, dus vandaag ook.

Kasper kiest cola met patatjes en mamma neemt koffie met een punt appeltaart. Dat is allemaal erg lekker, maar het probleem is dat Kasper opeens naar de wc moet om te plassen. Het is echt heel nodig.

'Kom maar mee,' zegt mamma, 'dan help ik je wel even.'

Ze pakt hem bij de hand en neemt hem mee naar de wc-deur. Maar op die deur staat een mevrouwtje getekend.

'O nee,' zegt Kasper. 'Daar begin ik niet aan. Daar is het voor de dames en ik ben geen dame. Ik ben een heer.'

'Maar ik ga niet bij de heren naar binnen,' zegt mamma. 'Dat vinden de heren niet goed. Hoe moet dat nu?'

'Ik ga wel alleen,' zegt Kasper stoer. 'Dat durf ik best.'

Hij is nog nooit in zijn leven alleen een vreemde wc ingegaan. Thuis gaat hij wel in zijn eentje maar dan laat hij de deur openstaan.

Nu moet hij wel durven. Hij heeft zelf gezegd dat hij durft.

Voorzichtig gaat hij de heren-wc in. Daar is alles glimmend wit met heel wit licht. De muren, het plafond, zelfs de vloer is wit. Aan de muur hangen glimmende badkuipjes, ook wit. Daar moet je dus in plassen. Maar daar piekert Kasper niet over. Die dingen zitten veel te hoog.

Gelukkig ziet hij verderop achter een openstaande deur een echte gewone wc-pot zoals ze thuis ook hebben.

Daar stapt hij naar toe. Hij doet de bril omhoog en maakt zijn broek los. Hij doet de rits naar beneden en plast keurig netjes in het midden zonder een druppel te morsen.

Ziezo, dat lucht op.

Hij hijst zijn broek weer op en trekt de rits dicht.

Maar nu moet hij doortrekken. Alleen ziet hij nergens een trekker of zoiets. Dan ziet hij achter de bak van de wc een grote ronde zilveren knop. Daar drukt hij op.

En daar komt me toch opeens een partij water door de pot! De hele wc bruist met enorm veel lawaai!

Kasper drukt voor de lol nog een keer. En weer komt er een snoeiharde waterval aan! Hij doet het nog eens en nog eens! Elke keer weer gespuit en gespetter!

Als hij weer terugkomt in de snackbar bij mamma vraagt zij: 'En? Is het goed gegaan?'

'Tuurlijk,' zegt Kasper.

Zijn broekriem is nog los en mamma wil die nog even vastmaken.

'Nee,' zegt Kasper vlug. 'Dat wil ik ook zelf doen.'

KASPER
KIEZEL
MUSEUM

Het Kasper Kiezel Museum

Kasper loopt door het park. Opeens blijft hij stilstaan. Hij ziet op het pad een steentje liggen. Het is een zwart steentje.

Andere steentjes zijn meestal geel of grijs of bruin, maar deze is bijzonder, deze is echt helemaal zwart.

Kasper raapt het steentje op en wrijft erover met zijn hand. Daarvan gaat het een beetje glimmen.

Mamma loopt intussen al een heel eind voor hem uit. Zij draait zich om om te kijken waar hij blijft.

'Kom je nog?' roept ze. 'Waar blijf je nou?'

Kasper stopt het zwarte steentje vlug in zijn broekzak en holt haar achterna.

Thuis wast hij zijn steentje onder de kraan schoon. Als het nat is lijkt het nog zwarter en glimmer dan eerst.

'Mooi hè,' zegt hij tegen mamma. 'Dit is wel een heel speciale steen. Er is er maar één van in het hele park.'

'Ja hoor,' zegt mamma, 'er is er maar één van in de hele wereld.'

Nu is de steen weer droog geworden. Nu glimt hij niet meer. Jammer. Geen nat, geen glim.

Maar Kasper bedenkt wat. Hij pakt een glas water dat in de gootsteen staat. Voorzichtig laat hij zijn zwarte steen daar in zakken. Dan gaat hij er naar zitten kijken. Nu de zwarte steen diep gezonken is in het glas blijft hij voor altijd nat, glad en glimmend.

Dat is prettig om te zien.

'Maar schat,' zegt mamma, 'dat steentje kan daar niet voor altijd blijven. Uit dat glas moet je nog drinken.'

'Waar moet mijn speciale bijzondere steen dan gaan wonen?' vraagt Kasper. Hij vindt zijn lieve steentje maar zielig als die nergens mag blijven.

'Weet je wat,' zegt mamma, 'ik heb ergens nog een leeg jampotje. Dat mag jij hebben, dan kan jouw steen daarin.'

Ze zoekt in het keukenkastje. 'Hier is 't ie. Dit jampotje is voor jou. Jij mag het houden.'

Kasper laat zijn zwarte steen zachtjes in de jampot zakken. Dan vult hij die tot aan de rand met water en draait het dekseltje er stevig op.

Binnenin achter glas lijkt zijn steen nog groter en donkerder.

Die avond mag de jampot met de steen op het plankje boven Kaspers bed staan.

Hij heeft een plan. Hij bedenkt dat hij speciale stenen gaat sparen. En als hij honderd bijzondere stenen in honderd ronde jampotjes heeft boven zijn bed wil hij een eigen museum beginnen, het Kasper Kiezel Museum. Wie wil komen kijken moet eerst een kaartje bij hem kopen voor tien cent. Hij zal nog rijk worden.

Gesprek met de kastanjeboom

Kasper loopt met opa door het park.

Hij kijkt niet om zich heen. Hij loopt gebukt met opgetrokken schouders en ziet alleen maar de grond.

'Is er wat?' vraagt opa. 'Anders loop je altijd zo vrolijk rechtop rond te kijken.'

'Nee, er is niks,' zegt Kasper. 'Ik zoek alleen maar kastanjes. Bij mij in de klas hebben ze allemaal al een kastanje en ik heb nog geeneens geen één kastanje. En dat is niet eerlijk!'

'Arme jongen,' zegt opa. 'Wat ben jij zielig, zeg. Maar als je kastanjes wil vinden moet je wel bij een kastanjeboom gaan zoeken. Daarom heet hij juist kastanjeboom, omdat hij zoveel kastanjes laat vallen. Hier staan alleen maar eikenbomen, die geven alleen maar eikels. Daar verderop staat een kastanjeboom, met van die blaren die op groene handen lijken. Laten we daar maar eens gaan kijken.'

Samen lopen ze ernaartoe. Kasper zoekt, hij kijkt overal op de grond onder de boom, maar hij vindt geen kastanje.

'Zeg boom,' zegt hij. 'Wordt het niet eens tijd voor een paar kastanjes? Ik wacht al zo lang.'

'Ja mijn jongen,' zegt opa met een lage bromstem. 'Daar vraag je me zo wat. Maar als boom kan ik je niet altijd direct helpen. Alles hangt al klaar. Kijk maar eens boven je. Zie je al die groene bolletjes tussen de takken? Daar zitten kastanjes in. Ik vind het maar zwaar om die allemaal te dragen. Ik zal blij zijn als ik van ze af ben. Maar ja, het is net als bij poepen, zal ik maar zeggen. Je voelt dat het komen gaat, maar het wil maar niet lukken.'

'Toe maar boom,' zegt Kasper. 'Probeer het maar, je kan het best.'

'Niet zo brutaal jongeman, tegen een oude boom zoals ik ben,' zegt opa met zijn lage stem. 'Kijk maar eens achter je.'

Kasper kijkt om. En daar ligt zomaar een glimmende, gloednieuwe, goudbruine kastanje met zijn groene stekeljasje nog half aan.

Kasper pakt hem meteen op.

'Bedankt boom,' zegt hij en hij aait zachtjes over zijn eerste eigen kastanje.

'Ik wist niet dat jij met bomen kon praten,' zegt opa. 'Zo te zien kunnen zij je goed verstaan.'

Kasper lacht. 'En ik wist niet dat jij bomen kon laten praten, opa,' zegt hij.

Dan vindt hij zomaar nog een kastanje, een mooie ronde.

Zeilen op je voeten

De wind waait buiten en de wind waait hard. Kasper ziet hoe de bomen op straat heen en weer zwaaien. Hij hoort ze met veel lawaai ruisen doordat het raam in de huiskamer op een kier staat.

Kasper vindt dat wel mooi, zo'n stormwind.

Dan gaat de bel en mamma gaat opendoen. Het is de postbode. Hij heeft een pakje bij zich dat zo dik is dat het niet door de brievenbus kan.

Maar dan gaan opeens op de tafel binnen alle briefjes en kranten fladderen! Ze vliegen zomaar door de kamer heen. De wind waait niet meer óm het huis heen, nee de wind wil dwars dóór het huis heen!

'Deur dicht!' roept mamma nog, maar dat hoeft al niet meer, want de wind doet zelf wel de deur achter zich dicht. Met een kwade, harde knal. Bamm!

Kasper schrikt er bijna van.

Als de postbode weg is, komt mamma de kamer binnen en ze doet gauw het raam stevig dicht.

'Ziezo,' zegt ze. 'Nu tocht het niet meer in huis.'

'Ik wil buiten met de wind gaan spelen,' zegt Kasper, 'want buiten waait het tenminste. Binnen is saai, binnen waait het niet.'

'Nee, gelukkig niet,' zegt mamma. 'Maar als jij zo nodig buiten wil spelen, mag je van mij buiten spelen. Kijk je alleen wel uit dat de wind je niet omverblaast? Hier, kom maar, dan zal ik je jasje stevig dichtritsen.'

Even later is Kasper buiten op straat. Hij voelt hoe de wind tegen hem aanduwt. Dat vindt hij wel grappig.

Hij laat de wind tegen zijn rug blazen. Hij kan zo bijna tegen het waaien aanleunen.

Dan maakt hij zijn rits los en doet zijn jas wijd open.

Nu is hij haast een zeilboot op zijn voeten.

Zijn lijf is mast en met zijn armen wijd houdt hij de zeilen van zijn jasje recht voor de wind. Hij laat zich langzaam vooruit duwen.

Zo zeilt hij door de straat. Het gaat lekker want hij heeft wind mee.

Straks als hij terug naar huis wil gaan moet hij tegen de wind in lopen.

Maar dat komt later wel.

Schuifelen

Kasper zit in de keuken zijn boterham met pindakaas op te eten. Mamma is aan het afwassen en pappa helpt met afdrogen.

De radio staat aan. Wat een saaie, slome muziek, denkt Kasper. Je kan er niet bij hopsen en je kan er niet eens bij springen.

Opeens zet pappa de radio hard aan. Hij pakt mamma beet en gaat met haar rondjes draaien bij het fornuis. Zij heeft de afwaskwast nog in haar hand en ze doet net of het een microfoon is. Ze zingt zachtjes allemaal Engelse woorden in de afwaskwast.

Pappa en mamma lopen nu met kleine stapjes heel klef tegen elkaar aan. Mamma leunt bijna op pappa. Het is een raar gezicht.

'Wat doen jullie daar toch?' vraagt Kasper.

'Wij?' vraagt pappa. 'Wij zijn gewoon aan het schuifelen. Dat zie je toch?'

'Wat is schuifelen dan?' vraagt Kasper.

'Ja, hoe moet je dat nu zeggen?' zegt pappa en hij kijkt mamma aan. 'Schuifelen, dat is heel dicht bij elkaar dansen, bij langzame muziek. Het is een soort knuffeldans. Toen mamma en ik elkaar nog maar net kenden gingen we op een feest altijd schuifelen als deze muziek er was. Nietwaar Liesbeth?'

'Ja,' zegt mamma. 'Zo is het maar net. Dit plaatje heet *Yesterday*, dat betekent gisteren. Het is een liedje dat gemaakt is door de Beatles. Dat was toen een bandje.'

'Ik wil ook meedoen met schuifelen,' zegt Kasper. 'Als ik niet mee mag doen vind ik het stomme muziek.'

'Kom maar hier,' zegt mamma. Ze tilt hem op en neemt hem op haar armen. Ze drukt haar voorhoofd tegen zijn voorhoofd en draait met hem in het rond.

Pappa komt er ook bij. Hij omarmt ze allebei tegelijk. En zo schuifelen ze met zijn drieën de hele keuken door.

De hijskraan

Bij Kasper om de hoek is de straat helemaal opengebroken. Grote wagens en machines hebben alle straatstenen losgemaakt en opgegraven. Mannen met felle oranje jackjes aan en met gele plastic helmen op hun hoofd zijn er nu aan het graven. Zij willen daar onder de grond een lange tunnel maken naar het treinstation.

Daarom is de hele straat alleen nog maar zand en modder met allemaal kuilen daarin.

Pappa vindt het maar niks want nu kan hij daar niet met zijn auto rijden en ook niet parkeren.

Mamma vindt het vervelend dat er zoveel lawaai bij is en dat er zoveel vieze rommel van komt. Elke dag zijn Kaspers schoenen er vies van.

Maar Kasper zelf vindt het prachtig en spannend. Want al die mannen in hun oranje jackjes graven niet met hun kinderschepjes, maar met machtige machines en enorme karren, die met hun grote grijpharken hele happen grond met zandbakken tegelijk weghalen. Ook zijn er de kleinere wagens met de mooie naam, ze heten vorkheftruckwagens. Zij kunnen heel vlug omkeren en dan achteruitrijden als ze net een stapel buizen hebben opgetild.

Maar het alderallermooiste vindt Kasper toch wel de grote hoge gele hijskraan.

Hij is zo ontzettend hoog, hij is hoger dan de huizen in de straat. Hij ziet er helemaal niet dik en stevig uit, maar hij kan aan zijn lange armen hele grote stukken van de aarde in zijn bak optillen en die dan weg-draaien naar de andere kant van de straat, om het daar allemaal neer te laten ploffen.

Kasper kan er niet genoeg van krijgen om er telkens weer naar te gaan kijken. Iedere keer als hij met mamma naar de supermarkt gaat blijft hij heel lang staan achter het hek totdat mamma hem meetrekt om boodschappen te gaan doen.

En als ze terugkomen met een tas vol boodschappen, wil Kasper alwéér eindeloos blijven kijken naar zijn grote gele hijskraan, die met zijn lange wijde zijarmen langzaam en mooi ronddraait hoog boven in de lucht.

'Kom, we moeten nu langzamerhand eens gaan,' zegt mamma na een tijdje.

'Nee, alsjeblieft, toe nou,' zeurt Kasper. 'Nog eventjes. Nog één draai van de hijskraan.'

'Goed dan, vooruit dan maar,' zegt mamma. 'Maar daarna moeten we echt naar huis toe.'

Kasper ziet hoe de hijskraan naar hem toe draait.

'Mooi,' zegt mamma. 'Zeg nu maar dag tegen de hijskraan.'

Kasper gaat met zijn armen wijd voor het hek staan. Langzaam draait hij in het rond.

Dat is zijn manier van dag zeggen tegen de hijskraan.

Sofie

Kasper vindt het allemaal maar saai. Hij zit in de zandbak in het park en hij is helemaal alleen. Er is niemand om mee te spelen. Hij maakt wel met zijn emmertje een taartje van zand, maar dat wordt niks, het zakt al meteen in elkaar.

Mamma zit op een bankje de hele tijd te kwebbelen met een andere mevrouw, dus daar heeft hij ook niets aan.

Verderop is nog wel een kindje bezig bij het klimrek, maar dat is een meisje. Hij kent haar wel, ze is net nieuw in de klas bij juf Inge. Ze heet Sofie en ze heeft grappige zwarte krulletjes.

Het meisje oefent een moeilijk kunstje aan het rek. Zij wil ondersteboven hangen aan haar knieën, met handen los nog wel.

Kasper komt kijken en nu doet Sofie extra haar best om het goed te doen. Ja het lukt. Ze bungelt aan haar benen. Nu nog handen los, dat lukt ook. Maar dan glijdt haar ene been los en ze valt zo, boem op haar billen. Au.

Ze kijkt of ze wil gaan huilen, ze roept 'mamma!' naar de mevrouw die naast Kaspers mamma op de bank zit. Maar die twee horen het niet, die zijn veel te druk met praten.

Kasper kijkt waar ze gevallen is. Hij geeft gauw een zoentje op haar ene bil zodat het geen pijn meer doet. Sofie moet giechelen omdat het kietelt. En wat kietelt is geen pijn meer.

Ze gaan nu samen naar de zandbak. Ze doen zand in Kaspers emmertje en daarmee lopen ze naar de vijver om er water bij te doen. Ze mogen eigenlijk niet zo dicht bij het water komen, maar ze doen het nu lekker stiekem.

Van water en zand maken ze prachtige vieze blubber. Ze voelen elkaars vingers als ze in het emmertje aan het roeren zijn en ze lachen naar elkaar. Kasper doet een lik blubber op Sofies bil en Sofie smeert Kaspers been in.

Nu zijn ze zo vuil dat ze geen zin meer hebben om te spelen, ze willen alleen nog maar een beetje naast elkaar zitten in de zon. En een beetje nergens om grinniken doen ze ook. Dan gaan ze samen een eindje wandelen.

'Jij moet mijn hand vasthouden,' zegt Sofie, 'dan raken we elkaar nooit meer kwijt.'

Zo lopen ze hand in hand verder. Ze zien grote jongens die stoer in het gras voetballen, alsof ze op televisie zijn en ze zien aan de zijkant van het grasveld een meneer die met een juffrouw aan het zoenen is. Kasper pakt een steentje en gooit dat naar ze toe. Het komt vlak naast ze neer. De meneer kijkt naar boven.

Lachend hollen Kasper en Sofie terug naar hun moeders.

'Zo,' zegt Sofies mamma. 'Zijn jullie daar weer? Heb je fijn gespeeld, Sofie? We moeten maar weer eens op huis aan, meid. Kom we gaan.'

Maar Sofie heeft geen zin. Ze houdt stevig Kaspers hand vast. 'Ik wil nog niet,' zegt zij. 'Ik wil bij Kasper blijven. Mag Kasper bij ons komen eten?'

‘Ja,’ vraagt Kasper aan mamma. ‘Mag dat? Mag ik?’

‘Wil je dat dan zo graag?’ zegt mamma. Kasper knikt wel drie keer.

‘Wij hebben bruin ijs als toetje,’ zegt Sofie nog.

‘Ach gut,’ zegt Sofies mamma. ‘Die twee hebben elkaar gevonden geloof ik.’

Kasper denkt, we hebben elkaar helemaal niet gevonden, we kwamen elkaar alleen maar gewoon tegen.

Maar hij mag wel bij Sofie blijven eten. Als ze daar ten slotte bruin ijs krijgen bij het toetje zegt Sofie: ‘Het lijkt wel blubber, hè? Zal ik je been ermee insmeren?’

‘Ja,’ zegt Kasper, ‘dan smeer ik je bil ermee in.’

Ze moeten nu alle twee zo hard lachen dat ze er haast niet door kunnen eten.

‘Begrijp jij waarom die twee zo veel lol hebben?’ vraagt Sofies pappa.

‘Ik zou ’t niet weten,’ zegt Sofies mamma.

Na het eten wordt Kasper door zijn pappa opgehaald. Als hij thuis is, moet hij meteen naar bed. Hij heeft best zin in slapen, hij heeft ook zo veel meegemaakt vandaag. Hij is er stil van.

Als pappa hem komt instoppen zegt hij nog: ‘Morgen is er weer Sofie hè?’

‘Ja hoor, morgen is er weer Sofie.’

De ballon achterna

De zon doet zijn best met schijnen, maar Kasper heeft zin om zich te vervelen in het park.

Hij heeft zijn krokodil niet bij zich en ook niet zijn rode brandweerauto.

Er zijn vandaag geen vriendjes die hij kent, ook Sofie is er niet. Er zijn alleen stomme baby's in stomme buggies. Mamma ligt languit in het gras te zonnen met haar ogen dicht. Maar ze wordt er niet echt bruiner van.

Kasper loopt maar eens een ommetje. Er is niets te beleven in het grasveld, behalve dan een takje dat hij op wil rapen.

Dan ziet hij opzij iets wits. Het is een ballon, zomaar een verdwaalde witte ballon die langskomt.

Waar komt die nou ineens vandaan? De ballon geeft geen antwoord op die vraag. Die zeilt met de wind mee naar een eindje verderop.

Natuurlijk gaat Kasper achter hem aan. Maar de wind blaast hem weer een stukje vooruit, net als Kasper vlakbij is. Maar Kasper haalt hem in en geeft hem een harde schop.

Als een voetbal in de vertraging zweeft de ballon nu boven in de lucht. Maar de wind duwt hem opzij en nu komt hij tegen de takken van een dikke struik aan. Daar blijft hij hangen, hij kan niet meer loskomen.

Dat vindt Kasper zielig, hij gaat hem helpen. Hij kan net bij de ballon komen als hij op zijn tenen staat. Het lukt hem om ertegen te tikken en dan is de ballon weer vrij!

Hij zweeft in één keer over de struiken heen. Daarachter is de grote vijver en Kasper staat aan de kant. Hij ziet hoe de ballon langzaam naar beneden gaat en in het water terecht komt.

Maar de ballon zinkt niet. De ballon blijft keurig netjes drijven, wiebelend op de kleine golven.

Kasper kan nu niet meer bij hem komen, hij kan alleen maar blijven kijken aan de rand van de vijver.

Hij ziet hoe de ballon ronddraait als een danseres en daarna weer wegzeilt als een schip. Hij drijft steeds verder weg en wordt steeds kleiner tot hij helemaal in de verte aan de overkant is.

Kasper zwaait nog een keer naar hem. Dan draait hij zich om en loopt weer terug naar mamma.

Mamma ligt niet meer achterover, maar ze zit rechtop in het gras.

'Zo,' zegt zij. 'Ben jij daar eindelijk? Waar was jij eigenlijk al die tijd? Ik begon me al ongerust te maken. Je bent toch niet bij de vijver geweest? Dat mag niet hoor, want ik wil niet dat jij verdrinkt.'

'Ballonnen verdrinken niet, hè mamma,' zegt Kasper. 'Ballonnen kunnen mooi zwemmen en goed zeilen. Dus ballonnen zullen nooit zinken.'

'Nee hoor,' zegt mamma. 'Ballonnen verdrinken nooit.'

De kijkdoos

Op koninginnedag, toen de koningin een soort van jarig was, heeft Kasper een meisje gezien dat een kijkdoos had. Het was een doos met een gaatje erin en als je haar geld gaf, mocht je door het gaatje kijken. Kasper had toen geen cent bij zich en dat vond hij zo jammer. Daarom wil hij nu een eigen kijkdoos maken. Hij wil ook wel eens wat verdienen.

Van mamma krijgt hij een heel goede doos. Pappa's nieuwe schoenen hadden er nog in gezeten en pappa heeft nogal grote voeten, dus deze doos is ruim zat. Mamma maakt ook een rond gat in de zijkant van de doos.

Maar als je daar doorheen kijkt, zie je alleen de saaie binnenkant van een suffe doos. Dus daar moet Kasper wat aan gaan doen.

Om te beginnen knipt hij uit een tijdschrift van pappa een kleurenfoto van een bos, waar een blote mevrouw in zit. Die plakt hij achterin zijn doos. Hij kijkt door het gaatje, dat ziet er goed uit.

Aan de zijkant maakt hij nog wat papieren blaadjes en takjes vast. Maar in het midden wil hij geen lieve bloempjes of zachte beestjes. Hij weet iets veel echters. Hij gaat naar zijn kamer en daar pakt hij het mooiste dat hij heeft, zijn rode brandweerautootje. Dat mag midden in de kijkdoos staan.

Kasper kijkt weer door het gaatje. Een rode brandweerauto in een groen bos, dat ziet er stoer uit.

Mamma heeft ook nog rooddoorschijnend papier van een lege doos bonbons.

'Als je dat rode papier in plaats van de deksel over de doos legt,' legt ze uit, 'dan wordt alles in jouw kijkdoos rodig. Kijk maar.'

Kasper kijkt weer en dit keer blijft hij heel lang kijken. Door het rooddoorschijnende papier bovenin is zijn brandweerauto nog roder dan hij van zichzelf al was.

Hoe langer hij blijft kijken, hoe meer het eruitziet of hij zelf in die

brandweerauto zit. Hij scheurt nu broemend en toeterend door het stille bos, vlak langs struiken met takjes en bomen met blaadjes. Dat is werkelijk heel prachtig.

Nu mag mamma het zien. Zij vindt het ook erg mooi. 'Nog mooier dan de televisie,' zegt zij. Zij geeft Kasper wel tien cent.

Dan komt pappa thuis.

'Pap,' roept Kasper. 'Ik heb een kijkdoos gemaakt. Als je wil kijken moet je eerst tien cent betalen.'

'En wat krijg ik dan te zien voor die tien cent?' vraagt pappa.

'Dat zal je wel zien,' zegt Kasper. 'Ik verklap het niet. Eerst betalen.'

Pappa haalt zuchtend tien cent uit zijn portemonnee. Nu mag hij kijken.

'Tjonge tjonge!' roept hij na een tijdje. 'Dat is me even wat. Ik zie drie dikke draken die een brandweerauto opeten.'

'Laat zien,' roept Kasper. 'Ik geloof er niks van. Laat dan eens zien.'

'Nee', zegt pappa, 'eerst tien cent betalen!'

Het achtste knopje

Kasper woont in een hoog flatgebouw, maar hij woont niet bovenin. Hij zit met pappa en mamma op de derde verdieping. Dus in de lift moet hij op knopje nummer drie drukken, daar kan hij net met zijn vingertje bij. Gelukkig maar, hoger kan hij niet.

Vandaag mocht hij nog even buiten spelen op het plein bij de flat. Nu gaat hij weer naar huis. Hij stapt de lift in en drukt op knopje nummer drie. Maar dan komt er nog gauw een dikke meneer met een bruine jas aan. Hij gaat ook de lift in en drukt op het bovenste knopje, nummer acht.

De deur van de lift gaat dicht. Ze gaan naar boven.

De meneer zegt niets, hij kijkt naar boven, naar het plafond. Kasper zegt ook maar niets, hij kijkt ook naar boven naar het plafond.

Nu staat de lift stil bij de derde verdieping. De liftdeuren schuiven open, maar Kasper stapt niet uit. Hij blijft rustig wachten tot de deuren weer dichtgaan.

Nu gaan ze nog hoger. De dikke meneer in de bruine jas kijkt eens naar Kasper, maar hij zegt niets.

Hij kucht alleen even. Kasper kijkt alleen maar doodleuk voor zich uit.

Het lichtje van knopje acht gaat aan, ze zijn op de allerbovenste verdieping. De lift staat stil met een hupje, de deuren schuiven open.

De meneer stapt uit en Kasper stapt ook uit.

De meneer loopt naar rechts de galerij op en Kasper blijft in de hal staan. Hij kijkt om zich heen. Er is daar een groot raam en daar gaat hij naartoe.

Hier zijn diep beneden kleine huisjes, kleine auto's en piepkleine mensjes. De bomen zijn net plantjes uit een tuin. Alle dingen lijken wel speelgoed, dat nog niet is opgeruimd.

Zo zien vogels dus altijd de straat waar hij in loopt en speelt. Dit zie je dus als je uit een vliegtuig kijkt, denkt hij.

Kasper kan ook de zijkant van de wolken zien, hij ziet heel ver in de verte de punten van kerktorens. Daar is het ergens waar iedere dag de zon onder gaat.

En boven dat alles staat Kasper nu.

Na een tijdje heeft hij het allemaal wel gezien. Hij loopt weer terug naar de lift. Hij stapt naar binnen en drukt op knopje nummer drie. De deuren schuiven, de lift gaat zakken. Dat geeft even een grappig gevoel in zijn buik.

Als hij thuiskomt vraagt mamma: 'Zo, heb je leuk gespeeld?'

'Ja,' zegt Kasper.

Hij vertelt aan niemand hoe hoog hij was vandaag.

Een konijn per ongeluk

Kasper wil een schilderij maken voor pappa's verjaardag. Pappa is nog lang niet jarig, maar dat geeft niet. Hij wil het schilderij nu alvast maken, dan weet hij zeker dat het op tijd af is.

Samen met mamma legt hij kranten op de keukentafel. Daarop zet hij zijn drie potjes verf: één met rood, één met geel en één met blauw.

Kasper krijgt ook een echte knoei-jurk aan. Het is een oud overhemd van pappa, dat mamma hem achterstevoren aandoet. Het staat hem heel goed.

Nu mag hij kliederen zoveel hij wil. In de keuken geeft het niets als hij vlekken maakt of morst, want in de keuken zijn overal op de muur en op de vloer tegels. Mamma veegt het zo weg met een nat lapje.

Nu nog zijn mooie lange verfkwast en een heel groot vel wit papier en dan kan het echte werk beginnen. Kasper gaat een blauw konijn schilderen voor zijn vader. Want pappa houdt van blauw en Kasper vindt konijnen lief.

Voorzichtig doopt hij zijn penseel in het blauwe potje, daarna gaat hij er langzaam mee naar het grote witte papier.

Maar er zit te veel blauw aan de kwast, er druppelen een paar druppels vanaf en die vallen zomaar op de grond.

Kasper kijkt ernaar. Hij ziet daar beneden een gekke vlek op de grond. Hij vindt het wel grappig, die vlek. Het lijkt wel een konijn, maar dan zonder oren.

Hij denkt: heb ik dat zomaar gemaakt? Dat is toch wel heel erg knap van mij.

Nu klimt van zijn stoel af en verft nog twee oren aan zijn gekke vlek vast.

Hij kruipt weer op zijn stoel en kijkt van boven op zijn vlekken. Een echt konijn, dat ziet er goed uit.

Dan komt mamma de keuken in. 'Ach jochie,' zegt ze. 'Heb je toch wat gemorst? Geeft niet, hoor. Ik veeg het wel weer weg.'

Ze pakt een nat doekje en maakt de vloer schoon. Konijn weg, toch jammer.

Kasper probeert nu op het papier net zo'n blauw konijn te maken als hij op de grond had gevlekt.

Het wordt een goed konijn. Daar niet van. Maar het is toch heel anders dan het eerste blauwe vlekkonijn.

Gek is dat, denkt Kasper. Als je per ongeluk iets moois maakt, lukt het daarna niet meer expres.

De egeltjeskapper

Kasper moet naar de kapper en Kasper heeft geen zin. Hij vindt het ook niet nodig. Ja, er hangen soms wel haren in zijn gezicht, maar daar kan hij makkelijk doorheen kijken. Geen probleem.

'Ach mijn jongen,' zegt mamma, 'je haar is zo lang, je lijkt Sofie wel. Je wil toch niet op een meisje lijken?'

'Maakt mij niet uit,' zegt Kasper. Hij vindt het niet erg om op Sofie te lijken. Soms draagt ze een strik en Kasper wil ook een strik, later, als hij groot is.

Toch loopt hij die middag achter mamma aan naar de kapsalon voor kinderen. Er is daar een aardige dikke juffrouw, weet hij. Maar het is wél een juf met een schaar.

Speciaal voor kinderen is er een soort motorfiets waar je op mag zitten als je geknipt wordt. Dat vindt Kasper wel mooi. Broem, broemm! doet hij. Met zijn hoofd scheef scheurt hij door scherpe bochten op de racebaan. Broemmm, broemm!

'Nu moet je wel stil blijven zitten,' zegt de knipjuf, 'anders steek ik mijn schaar dwars door je kop heen.'

Nou goh, denkt Kasper. Ik mag ook nooit niks. Hij kan het wel, rustig stilzitten, echt wel, maar hij houdt niet van stilzitten.

Eindelijk is ze klaar. Kasper mag in de spiegel kijken hoe hij geworden is. Hij ziet een jongetje met een kort koppie. Hij ziet een heel andere jongen dan hij gewend is. Hij vindt het maar niks.

Hij steekt zijn tong uit naar de spiegel.

'Vind jij dat nou zo erg?' zegt mamma. 'Arme jongen. Weet je wat? Ik koop hier voor jou een potje gel. Dat is om je haar wat op te vrolijken. Als we thuis zijn zal ik het erin doen.'

Mamma maakt thuis telkens van één plukje haar op zijn hoofd een puntje en doet er dan van dat gelspul in. Gel is een soort shampoo-lijm. Kaspers haren blijven er recht van overeind staan. Dat vindt hij wel

grappig. Hij blijft nu keurig stil zitten terwijl mamma aan zijn hoofd frunnikt en tuttelt.

Hij vindt het mooi geworden als het klaar is, echt stoer. In de spiegel ziet hij er nu een stuk brutaler uit dan gisteren.

Als pappa thuiskomt laat hij het meteen zien.

'Wat is er met jou aan de hand?' vraagt pappa.

'Even kijken. Nou zie ik het! Jij hebt nieuw haar! Goed zeg, wow! Gaaf. Tof. Koel. Vet!' En nog meer van dat soort gekke woorden.

Die nacht probeert Kasper heel voorzichtig te slapen. Hij wil op één oor blijven liggen zodat zijn haarpuntjes niet in de war raken.

De volgende ochtend op school is Sofie de eerste die hem zo ziet met zijn piekhaar.

'Dag egeltje,' zegt ze lachend.

'Had je wat? Is er wat?' zegt Kasper. 'Vind jij dat ik er gek uitzie of zo?'

'Jij hebt egeltjeshaar,' zegt Sofie. 'Ja toch? Geeft niet hoor. Is niet erg. Want ik vind egeltjes lief.'

De schooldeur gaat open. De bel gaat. Een heel lief egeltje loopt de school binnen

Hijskraanswiegelied

Het is speeluur in de klas. Iedereen mag iets uitzoeken om mee te spelen. Kasper kiest altijd het liefst het donkerblauwe hijskraantje uit, want hij heeft verstand van hijskranen. Bij hem thuis in de straat om de hoek heeft hij een echte hele hoge kraan aan het werk gezien. Dus hij weet er alles van.

Maar nu ziet hij dat Sofie al aan het spelen is met het mooie hijskraantje!

Dat wil Kasper niet hebben. Hij wil meteen naar haar toegaan om het

van haar af te pakken. Dan houdt juf Inge hem tegen. 'Kijk eens wat ik hier heb,' zegt zij. 'Het poppenwagentje. En zie je wie er in ligt? Dat is Lola, het lieve popje met de zwarte vlechtjes. Ga daar maar mee spelen. Poppen zijn heus ook leuk voor jongens. En meisjes mogen toch ook wel eens een keertje met auto's en hijskranen spelen? Ga jij nou maar met Lola op stap. Je zal zien dat het fijn gaat.'

Tja, denkt Kasper. Als juf Inge het zegt zal het wel zo wezen. Een poppenwagentje is misschien best aardig, maar een poppenwagentje is nu eenmaal geen hijskraan.

Toch gaat hij er maar een beetje mee rijden. Dat gaat best lekker. De wieltjes draaien soepel mee.

Kasper gaat steeds harder rijden. Broembroem broemmm! Hij scheurt door de bochten, het wagentje hangt er helemaal scheef van. Het lijkt wel een rode raceauto van de televisie. Dit is een Formule 1-poppenwagentje, met de pop Lola Ferrari achter het stuur. Broembroem. Zoefzoef! Broemmm!

Opeens moet Kasper keihard remmen voor Sofie met haar hijskraantje. Hij maakt net geen botsing maar pop Lola vliegt wel met een boog de wagen uit.

Geeft niet, maakt niet uit, denkt Kasper en hij sjeest in zijn eentje verder met zijn poppenwagen.

Intussen ziet Sofie die arme pop Lola met haar zwarte vlechtjes liggen. Zij kruipt naar haar toe om haar te gaan troosten.

Kasper ziet nu dat het blauwe hijskraantje helemaal alleen is, want Sofie speelt er niet meer mee. Hij rijdt er vlug naar toe.

Heel voorzichtig tilt hij hem op en legt hem zacht op het kussentje in de poppenwagen. Dan dekt hij hem toe met een roze dekentje en geeft hem heel eventjes een aai.

Heel kalm en rustig rijdt hij weg zodat de donkerblauwe hijskraan stilletjes in slaap kan vallen.

Hij neuriet er bij: Slaap hijskraan slaap. Daarbuiten is een schaap.

Zon bestellen

Vandaag is opa er en Kasper is er natuurlijk ook, want die was er al. Mamma en pappa zijn er niet, opa en Kasper zitten binnen en ze vervelen zich alle twee. Want buiten regent het en regent het en regent het.

De autootjes en Koko krokodil willen niet met Kasper spelen. Hij wilde nog een tekening maken maar het rode potlood wilde niet rood kleuren. Saai potlood, saaie middag.

Opa kijkt uit het raam en Kasper gaat met zijn vinger mee met de druppels die langs het raam naar beneden kruipen.

'Opa,' zegt Kasper, 'wanneer houdt die regen nou eens op? Wanneer gaat de zon weer eens wat doen?'

'Ik snap er ook niks van,' zegt opa. 'Die zon is toch al heel lang opgegaan en nog lang niet ondergegaan. Laat die luiwammes dan eens door die natte wolken heenkomen. Is dat nou zoveel moeite?'

'Stomme zon,' zegt Kasper.

'Net wat je zegt, stomme zon,' zegt opa. 'Je neemt me de woorden uit de mond. Maar nemen we dat, jongen? Nee, dat pikken we niet. Weet je wat wij gaan doen? We gaan gewoon het kantoor van de zon opbellen. Dat gaan we doen. Geef me het telefoonboek eens!'

Kasper pakt het zware telefoonboek en draagt het naar opa toe.

Opa bladert er in en zoekt de Zon op. Dan neemt hij de telefoon en drukt de nummertjes in. Hij wacht even.

'Ha hallo, met Blaak,' zegt hij. 'Karel Blaak om precies te zijn. Wat ik vragen wou, kan ik soms even een portie zon bestellen hier in het park? ...Wat zegt u? Nee, opklaringen daar hebben we niets aan. Zon moet het wezen en vlug een beetje alsjeblieft. Ja. Wacht, dan geef ik u Kasper zelf nog even.'

Hij geeft hem de telefoon aan. Kasper luistert.

Verder hier en daar wat regen en soms een bui, hoort hij.

'Zeg het dan,' zegt opa, 'zeg dat we zon moeten hebben.'

‘Zon moeten we hebben!’ gilt Kasper in de telefoon.

Dan neemt opa het weer van hem over.

‘Nou jullie hebben het gehoord. Zon dus. Hoeveel kost dat eigenlijk, een schijntje zon? Zoveel? Goed, maar dan moet ik het ook meteen hebben, anders krijgen jullie geen cent! Begrepen?’

Hij legt de telefoon weer neer. ‘Ziezo,’ zegt hij tegen Kasper. ‘Doe je jas maar aan jongen. We gaan naar buiten naar het park en ik neem lekker geen paraplu mee.’

Buiten regent het nog steeds een beetje, maar als ze in het park zijn, begint het al droog te worden. Een paar wolken gaan een eindje opzij en daartussenin komt heel voorzichtig de zon schijnen.

De grassprietjes en de blaadjes aan de bomen gaan ervan glimmen. Eén grote boom staat nog een beetje na te druppelen.

‘Die boom doet of het nog regent,’ mompelt opa, ‘maar daar trap ik niet in.’

‘Hoe deed je dat nou opa,’ vraagt Kasper, ‘met die zon en die telefoon en zo?’

‘Ach,’ zegt opa. ‘Het kost een paar centen, maar dan héb je ook wat.’

De overkant van de zee

In de grote huiskamer kan je altijd allerlei spannende avonturen beleven, dat wist Kasper allang. Maar nu is er iets heel bijzonders bijgekomen. Er is onder de tafel en de stoelen een nieuw vloerkleed gelegd. Het voelt zacht aan en het is heel erg donkerblauw, zo blauw als de diepe zee in de plaatjes van zijn boek, *Het dierenrijk*.

Nu staat Kasper aan de rand van het kleed. Hij vindt het haast jammer om er zomaar op te stappen. Met zijn ene hand kan hij zo een stoel naar zich toe schuiven. Dan kan hij er op klimmen zonder dat hij het diepblauwe kleed aanraakt.

Vanaf die stoel kruipt hij nu bovenop de tafel en gaat langs de schaal met appels naar de andere kant van de tafel. Beneden ziet hij de diepblauwe zee liggen.

Aan de andere kant van de tafel is nog een stoel. Daar stapt Kasper op en hij kijkt eens om zich heen. Overal is zee.

Hoe kom je nu verder zonder nat te worden en te verdrinken?

Op de stoel ligt een kussentje. Dat gooit Kasper naar beneden. Het kussen blijft netjes drijven op het blauw, Kasper kan er zo op stappen.

In de verte ziet hij nu al het krantenbak-eiland liggen. Als hij daar droog kan komen is hij vlakbij de overkant. Hij doet een enorm grote stap en staat dan opeens wijdbeens boven het diepe water met één been nog op het kussen en met de andere voet al in de krantenbak.

Kijk uit! Hij wiebelt even. Oeijoeijoei, als dat maar goed gaat! Heel voorzichtig haalt hij zijn ene been van het kussen en dan staat hij veilig en wel op de kranten in de krantenbak.

Was hij me daar toch bijna in zee geplonsd!

Met een sprongetje komt hij op de stevige planken vloer naast het vloerkleed aan land. Tevreden kijkt hij vanaf de oever achterom naar de grote blauwe zee, die hij helemaal alleen is overgestoken.

Mamma komt de kamer in. Ze heeft een blad bij zich met thee en cola

en koekjes en een boterham met chocoladehagelslag. Ze loopt er zomaar mee naar de tafel! Ze loopt over de zee zonder te zwemmen en ze verdrinkt geeneens! Dat kán toch niet, dat hoort helemaal niet.

'Kom jij ook je bammetje eten?' zegt ze doodleuk tegen Kasper.

De chocoladehagelslag ziet er zo lekker uit dat Kasper er ook maar over het water naartoe wandelt.

De verloren knikker

Het is dinsdagmiddag en Kasper merkt dat hij een knikker kwijt is. Ja, hij heeft een hele zak vol, maar hij weet precies welke hij mist. Dat is de kleine, met een rode en een blauwe vlam in het glas, zijn lievelingsknikker.

Hij heeft er laatst nog mee gespeeld in de huiskamer, dus daar gaat hij eerst maar eens zoeken. Hij kijkt onder de luie stoel waar pappa altijd in zit te hangen. Niks. Hij kijkt onder het kastje waar de theekopjes staan. Ook niks. Hij vindt alleen een oud, geknakt limonaderietje. En dat is geen knikker.

Hij moet nu nog onder de bank gaan zoeken. Maar mamma komt de kamer binnen met de stofzuiger. Zij stofzuigt door de hele kamer heen met dat brommende brullende ding. Kasper wil net onder de bank kruipen om te zoeken, maar mamma roept boven het lawaai uit: 'Ga eens opzij!'

'Wat zeg je?' roept Kasper.

'Dat je opzij moet gahaan!' roept mamma. 'Anders kan ik er niet bij-hij!'

'Niet zuigen!' schreeuwt Kasper. 'Ik moet daar mijn knikker zoeken! Ik ben mijn knikker kwijhijt!'

Mamma zet de stofzuiger even uit. 'Dat is toch niet zo erg?' zegt ze. 'Eén knikkertje maar en je hebt verder een hele zak vol. Die knikker komt heus wel eens een keer tevoorschijn. Maar nou wil ik verder gaan met zuigen.'

Zij gaat weer door. Maar Kasper is er niet gerust op. Hij denkt dat hij daarnet iets van plokplok in de stofzuiger hoorde. Zou dat ding zomaar zijn knikker hebben opgeslokt? Zou toch kunnen? Je weet maar nooit.

Dan gaat opeens de bel.

Mamma zet de stofzuiger uit en gaat open doen. Kasper hoort mamma praten met een meneer. Kasper kruipt intussen naar de stofzuiger toe. Hij probeert die open te krijgen. Je moet daarvoor een soort deksel aan de achterkant loswippen. Dat weet hij wel, dat heeft hij mamma wel eens zien doen. Maar dat is lastig voor zijn kleine vingertjes. Hij probeert het nog een keer en nu lukt het wel.

Binnenin de stofzuiger ziet hij een grote papieren zak zitten. Die peutert hij eruit. Hij kijkt er in en scheurt de zak open. Er valt opeens allemaal rommel uit, korreltjes, stof, stokjes, viezigheid, van alles.

Maar midden in die troep ziet hij hem opeens liggen: de knikker! Zijn knikker, waar een rode en een blauwe vlam in zit!

Kasper poetst hem meteen schoon en glimmend.

Met dit ene kleine knikkertje is hij nog blijer dan met al die andere in zijn zak vol.

Dan komt mamma weer binnen. 'Wat heb je nou weer gedaan?' roept ze. 'Allemaal vieze troep op het kleed!'

'Ach,' zegt Kasper. 'Dat ruim ik zo meteen wel op, hoor. Met de stofzuiger.'

Alle bordjes in bad

Mamma is er vanmiddag niet, maar opa is er, want het is donderdag.

Opa heeft een goed plan. Hij gaat met Kasper kaboutertaartjes maken van de boodschappen die hij gekocht heeft in de supermarkt.

Een kaboutertaartje gaat zo:
je neemt een rond koekje
daar doe je een lik jam op
daaroverheen chocoladehagelslag
dan zet je op de top een klein spekkie
en tot slot: bestrooien met poedersuiker
Dan: opeten en smullen maar!

Kasper vindt het een goed recept, want hij houdt van smikkelen. Ze morsen wel eens wat op de grond en zo nu en dan blijft er een lik jam achter op Kaspers wang, maar het meeste krijgt hij toch naar binnen.

Alles bij elkaar maken ze samen nogal veel borden, schoteltjes, lepels, vorken en mokken vuil.

'Zullen we dat eens mooi gaan afwassen?' zegt opa, 'dan zal mamma blij zijn.'

Opa wast af en Kasper mag afdrogen. Maar dat is wel moeilijk. De gootsteen is zo hoog en de droogdoek is zo groot. En de schoteltjes zijn zo glad als ze nat zijn. Eén zo'n glad schoteltje glijdt uit zijn handen en valt op de grond. Het is een klein beetje kapot.

'Dat wordt niks zo,' zegt opa. 'Dat gaan we eens helemaal anders doen. Nu ga jij afwassen en ik afdrogen. Dat gaat alleen zo lastig hier in de keuken, we kunnen dat beter in de badkamer doen. Kom op.'

In de badkamer laten ze eerst het bad vol warm water lopen. Dan stopt opa Kasper in bad met heel veel zeepschuim erbij.

Uit de keuken haalt hij nu alle vuile borden, schoteltjes, lepels, vorken en mokken die nog over zijn. Een voor een zet hij alle dingen om Kasper heen in bad. De kopjes dobberen als bootjes naast hem rond. Zo kan hij de hele vaat schoonmaken. Daarna houdt opa alles nog even onder de douche en droogt het af. Ten slotte houdt hij Kasper ook nog onder de douche en slaat een handdoek om hem heen.

Dan komt mamma thuis en ziet alle troep in de badkamer.

'O nee hè? 't Is niet waar hè?' zegt ze. 'Pa, wat heb je nou weer uitgespookt?'

'Gewoon,' zegt opa. 'We deden dat de vaat een kindje was en dat Kasper de vaat was. Zo komt het dat Kasper net zo schoon is als een bordje. En andersom. Handig toch?'

'Wil je een kaboutertaartje?' vraagt Kasper maar.

'Hè ja,' zegt mamma. 'Daar ben ik nu wel aan toe.'

Ziekjes

Als hij 's ochtends wakker wordt, heeft Kasper geen zin om op te staan. Dat heeft hij anders nooit. Als hij eenmaal wakker is wil hij altijd meteen aan de slag, boterhammetjes eten, autootjes laten rijden, lawaai maken, alle dingen die bij 's ochtends horen.

Alleen willen zijn benen dit keer niet meedoen en wil zijn hoofd niet vrolijk denken. Hij blijft maar in bed liggen draaien tussen de gekreukelde lakens.

Mamma komt kijken waar hij blijft, want hij moet opstaan, aankleden, wassen, tandenpoetsen, ontbijt eten en naar school. Maar Kasper heeft geen zin. Hij wil helemaal niet opstaan en aankleden, niet wassen en tanden poetsen, geen stomme boterham met stomme jam eten en hij wil al helemaal niet naar die stomme school.

'Wat wil je dan?' vraagt mamma.

'Ik wil alles niet,' zegt Kasper zachtjes.

Hij kan er niets aan doen, hij voelt zich zeurderig in zijn hoofd en huilerig achter zijn ogen.

Mamma voelt met haar koele hand aan zijn voorhoofd.

'Jij voelt wel erg warm aan,' zegt zij. 'Je lijkt wel een kacheltje. Jij bent gewoon een beetje ziek, dus je hoeft vandaag niet naar school. Blijf maar lekker in je bed.'

En zo blijft Kasper in zijn bed liggen suffen, terwijl het buiten allang dag is en alle andere kinderen in de klas zitten. Na een tijdje komt mamma zijn kamer binnen. Zij heeft een glimmend glazen stokje bij zich.

'Ik wil weten of er koorts is in je hoofd,' zegt ze. 'Koorts is wat je hoofd zo heet maakt. Dat kan ik meten met dit glazen stokje.'

Zij laat het hem zien. Het lijkt wel een toverstokje. Er staan allemaal cijfertjes op.

'Het heet "thermometer",' zegt mamma, 'en ik ga het tussen je billen stoppen.'

‘Moet dat echt?’ vraagt Kasper. ‘Ik heb toch geen pijn in mijn billen? Ik heb pijn in mijn hoofd.’ Hij vindt het maar stom en raar, zo’n glazen staafje in zijn kont.

‘Kom nou maar hier,’ zegt mamma. ‘Het is heus zo voorbij.’

Mamma doet het heel voorzichtig. Kasper houdt zich doodstil, hij durft haast niet te bewegen. Na een tijdje haalt mamma de thermometer er weer uit. Ze kijkt ernstig naar de cijfertjes die er op staan.

‘Achtendertig twee,’ zegt zij. ‘Het kacheltje in jou is achtendertig warm en het moet eigenlijk zesendertig zijn. Probeer nou maar een uurtje te slapen, dan ben je morgen weer beter.’

‘Hoe weet je dat?’ vraagt Kasper.

‘Dat zegt de thermometer,’ zegt mamma.

Mooi woord is dat, ‘thermometer’, denkt Kasper.

Hij draait zich om en dommelt weg met zijn duim in zijn mond.

Die middag probeert mamma hem te verwennen. Hij heeft dan wel geen honger, maar snoepen moet kunnen, vindt hij. Hij krijgt kleine stukjes mandarijn, een koekje waar een nootje op zit, sinaasappelsap met een mooi rood rietje en een minimars-reepje.

Op zo’n manier is het best gezellig om ziek te zijn. Maar het is ook een beetje saai. Grapjes maken op school is toch leuker. Dat komt morgen misschien, als zijn slome hoofd is gestopt met slomen.

Jasje

'Jouw handen steken uit je mouwen,' zegt mamma terwijl zij Kasper zijn jasje aandoet. 'Dat komt omdat jij zo goed groeit. Wij moeten nodig een nieuwe jas voor je uit gaan zoeken. Zaterdag is het eind van de maand, dan heeft pappa weer geld, dan gaan we de stad in, gaan we winkelen.'

Zo lopen ze zaterdag door de drukke winkelstraat. Pappa in zijn zwartleren jack wil een cd met bonkmuziek gaan kopen, mamma in haar rode trui wil een bloes gaan kopen en Kasper loopt voorop. Hij heeft een oranje jasje met Nijntje op de schouder. Zijn mouwen zijn te kort. Of zijn armen zijn te lang, dat kan ook.

Pappa heeft zijn cd algauw gevonden en mamma weet precies welke rode bloes ze wil hebben in de winkel ernaast. Daar hebben ze ook kinderkleren, dus nu is Kasper aan de beurt om een jas uit te zoeken.

Mamma snuffelt in het rek waar de jasjes aan hangen.

De juffrouw van de winkel komt eraan. 'Kan ik u ergens mee helpen of kijkt u alleen maar even rond?' vraagt ze.

'Ik kijk even rond,' zegt Kasper maar.

'Ik wil deze even proberen,' zegt mamma. Ze heeft een lichtblauw jasje uitgezocht met Bert en Ernie op de voorkant.

'Ja dat is een heel apart model, het wordt dan ook veel verkocht,' zegt de juffrouw.

Terwijl ze zo praten gaat Kasper ook kijken tussen de jassen door. En dan ziet hij daar het beste jasje van de hele stad hangen!

Het is een zwart jack met een dikke rits van voren, het is van leer dat een beetje glimt, er zitten lichtgevende strepen op, zodat ze je aan zien komen als het donker is.

'Probeer deze maar eens,' zegt mamma en ze houdt hem het lichtblauwe jasje voor, die met Bert en Ernie.

'Nee,' zegt Kasper. 'Die moet ik niet. Ik wil die daar.' Hij wijst naar het zwarte jack.

'Maar jongen,' zegt mamma. 'Bert en Ernie, dat is van Sesamstraat. Dat vind jij toch zo leuk? Alle andere kinderen hebben ook zo'n soort jasje.

'Ik wil geen jas als andere kindjes,' zegt Kasper. 'Ik wil een jas als pappa heeft.'

'Precies zijn vader,' zegt mamma lachend tegen de juffrouw. 'Die wil ook altijd een motorjack terwijl hij geeneens een motor heeft.'

Kasper mag de jas passen. Het zit wijd en hij voelt zich er meteen erg stoer in. Echt een bink.

'Deze dan maar doen, Mark?' vraagt mamma aan pappa.

'Jaaah,' zegt Kasper in plaats van pappa.

Pappa betaalt de jas bij de juffrouw. Kasper wil zijn nieuwe jas aanhouden, dus zijn oude oranje jasje met Nijntje gaat in de nieuwe plastic tas van de winkel. Even later lopen ze door de straat. Kasper loopt trots vooraan, pappa loopt trots achter hem aan en mamma loopt te lachen.

Ze pakt hem bij zijn arm. 'Het prijskaartje hangt er nog aan,' zegt zij. 'Zal ik het weghalen?'

'Welnee,' zegt Kasper, 'dat staat juist mooi.'

Het veertje van de duif

Kasper had er niet om gezeurd, hij had er alleen maar op gehoopt. Daarom heeft mamma voor deze ene keer een zakje chips voor hem gekocht bij de winkelkar op de hoek van het park.

Nu wandelt Kasper luid knabbelend door het park, terwijl mamma verderop op een bankje de krant zit te lezen.

Op het pad komen twee duiven aantrippen, ze willen oversteken.

'Opzij jongens!' roept Kasper. 'Ga eens opzij.'

Maar de duiven gaan gewoon door met trippen. Kasper kan ze nu van dichtbij bekijken. Hij ziet hun oogjes. Eigenlijk zijn ze best lief want ze zijn helemaal niet bang voor hem.

Hij haalt een van zijn laatste chips uit zijn zakje en gooit die naar ze toe. De duiven gaan er meteen op af en pikken er naar. Het lijkt wel of ze er ruzie over maken. De een pakt een stukje chips van de ander af en vliegt daar gauw mee weg. De andere duif vliegt meteen achter hem aan. Kasper kijkt ze na.

Dan ziet hij een veer liggen, een mooi zacht grijs veertje.

Voorzichtig raapt Kasper de veer op. Hij gaat er met zijn vinger langs en blaast er even tegen.

De duiven zijn intussen verderop gaan zitten om daar wat rond te scharrelen.

Kasper holt naar ze toe. 'Je veertje!' roept hij. 'Je vergeet je veertje. Hier neem nou mee! Het is jullie veertje!'

Hij zou het wel in hun kont willen steken, maar de duiven kijken elkaar alleen maar aan en vliegen dan weg. Heel hoog en heel ver.

Kasper wil zijn veertje nog achter ze aan blazen, maar een veer kan niet vliegen als er geen vogel aan vastzit. De veer komt weer naar beneden. Misschien hebben die duiven dat veertje wel speciaal aan hem gegeven om hem te bedanken voor dat hapje chips. Hij mag het dus voor zichzelf houden. Hij aait ermee langs zijn wang. Het is zacht en het kietelt een beetje. Kasper moet ervan lachen.

Hij zal hem mee naar huis nemen en hem goed bewaren. In een vaasje.

Kaboutertaartjes en eikeltjesthee

Het is een saaie zondagmorgen heel vroeg. Pappa en mamma slapen nog, maar Kasper niet.

Hij klimt zijn bed uit en gaat op blote voetjes naar de grote kamer. Daar is weinig te beleven maar Kasper heeft geen zin in zich vervelen, hij heeft een beter idee: hij gaat een echt ontbijt maken, een verrassingsontbijt voor pappa en mamma.

Hoe doe je zoiets? Hij wil eerst thee maken, maar hij kan in de keuken nergens de theezakjes vinden. Geeft niet, hij weet wel wat anders. Op de gang haalt hij uit de zak van zijn jack vijf eikels. Die heeft hij in het park gevonden onder de eikenboom. Daarvan gaat hij echte eikeltjesthee maken.

In de keuken doet hij twee eikels in mamma's theekopje en drie eikels in pappa's mok.

Nu moet daar nog heet water over, maar zelf water koken mag Kasper niet. Dat moet met knopjes en met lucifervlammetjes en zo en dat is veel te gevaarlijk.

Dus hij haalt heet water uit de kraan van de gootsteen. Als je aan de kraan met de rode stip draait, komt er heel erg warm water uit, dat weet Kasper wel.

Voorzichtig maakt hij mamma's kopje en pappa's mok helemaal vol. Ziezo, dat is dat.

Nu nog een beetje melk uit het pak dat in de ijskast staat te wachten. Een scheutje in mamma's kopje, een scheut in pappa's mok. Het lukt allemaal. Dan moet er suiker bij, één klontje voor mamma, drie klontjes voor pappa. Dat weet hij, dat heeft hij vaak genoeg gezien.

Wat nog meer? Ja, koekjes natuurlijk of anders gebakjes. Kasper maakt een boterham met kaas en daaroverheen jam en daar weer chocoladehagelslag op en helemaal bovenop een dropje. Daarna maakt hij nog een boterham met pindakaas en daaroverheen appelstroop en daar weer suiker op en bovenop een smartie. Kaboutertaart noemt Kasper het, dat heeft hij van opa geleerd. Alle dingen erop zijn lekker, dus het is helemaal lekker.

Nu komt het moeilijkste, nu moet alles zonder morsen naar de slaapkamer van pappa en mamma worden gebracht. Hij zet het kopje, de mok en de kaboutertaarten op het grote houten dienblad. Voorzichtig voetje voor voetje gaat hij naar de slaapkamer van zijn ouders. Bij de deur duwt hij met zijn kin de deurknop naar beneden. Met zijn billen duwt hij dan de deur verder open. Met het dienblad in zijn handen komt hij zo binnen.

Pappa en mamma zijn net bloot aan het vrijen onder de dekens. Dat vindt Kasper wel grappig. Van mij mogen ze, denkt hij. Ze gaan hun gang maar.

Maar nu eerst: ontbijt.

Mamma ziet hem het eerst en houdt even op met pappa knuffelen.

'Wie hebben we daar?' zegt ze. 'Kijk eens, daar hebben we Kasper.'

'Tijd voor ontbijt!' roept Kasper. 'Eikeltjesthee met kaboutertaartjes.'

'Tjongejongen,' zegt pappa, 'hoe heb je dat voor elkaar gekregen?'

Voorzichtig neemt hij een slokje. 'Hmm, mjam,' zegt hij. 'Lekker bakkie is dat, zeg. Kan je ook nog eens een keer pindakoffie maken of beukennootsap?'

'Die taartjes zijn werkelijk zalig,' zegt mamma met een mond vol jam. Vreselijk bedankt schat.'

'Graag gedaan,' zegt Kasper trots.

De eigen woning

Kasper is wel thuis, maar hij wil een eigen huis in huis hebben. Daar gaat hij wat aan doen.

Samen met zijn krokodil Koko gaat hij op zoek in de grote kamer. Hij kruipt met Koko onder de tafel. Dat is wel gaaf eigenlijk. Hier is hij helemaal onderdak en er is zo weinig ruimte dat er bijna nooit grote mensen komen. Hier zit hij lekker, hier zit hij goed.

Hij moet het alleen nog wat gezelliger maken voor Koko en voor zichzelf. Hij gaat naar de gang en daar plukt hij de sjaal van mamma van de kapstok. Daarbij valt de kapstok om. Geeft niet, nou kan hij ook meteen mamma's jas meepakken. Ook de grote rode boodschappentas sjouwt hij mee naar binnen.

Terug onder tafel legt hij Koko in de boodschappentas. Dat is zijn bedje. En mamma's sjaal legt hij op de grond. Dat is hun vloerkleed. Mamma's jas legt hij half op de tafel. Dat is nog een heel gedoe want die jas is groter dan Kasper zelf. Maar het lukt.

Zoals het nu is, is het helemaal prettig. Kasper zit daar met Koko krokodil tegen zich aan vanuit zijn schuilhut stilletjes naar buiten te kijken, de kamer in. Hij ziet langs mamma's jas de zon door het raam schijnen op de grote plant in de hoek. De radio staat zachtjes aan en als hij heel lang naar die plant kijkt, lijkt het net of de muziek van de radio uit de grote groene plant komt.

Zo blijft hij een hele tijd zitten, verstopt voor iedereen, glurend door het jasgordijn.

Dan komt mamma de kamer binnenlopen, ze bukt zich om een blaadje op te rapen dat van de plant is gevallen. En opeens ziet ze Kasper zitten.

'Hee Kasper, jongen,' zegt ze. 'Ben je daar? Wat doe je daar?'

'Gewoon, ik ben bezig,' zegt Kasper.

'Waarmee ben je dan bezig?' vraagt mamma.

‘Met zitten,’ zegt Kasper. ‘Dat zie je toch?’

Hij vindt het jammer dat hij nu gezien is, hij wil liever stiekem in zijn eigen huisje zitten.

‘Het kan wel zijn dat je nu bezig bent,’ zegt mamma, ‘maar ik heb het ook druk hoor. Ik moet even een boodschap gaan doen, ik moet nog brood kopen. Dus doe me een lol en geef me mijn sjaal even aan en die boodschappentas daar.’

En zo gaat mamma zomaar weg met Koko’s bed in haar hand en het vloerkleed om haar nek. Ook de gordijnen van Kaspers huis trekt ze aan en ze loopt ermee weg.

Kasper blijft achter en kijkt om zich heen in zijn uitgeklede woning. Maar hij weet: eens komt mamma terug met de gordijnen, het vloerkleed en het bedje.

Dan wordt alles weer net zoals vroeger, zoals een paar minuten geleden.

De lampenworm

Midden in de nacht wordt Kasper wakker. Wat is er aan de hand? Schoven er ineens lichtflitsen in zijn kamer? Of heeft hij dat alleen maar gedroomd? Hij was geschrokken, maar hij weet niet waarvan.

Hij kijkt eens om zich heen in het donker. Hij ziet de kier tussen de gordijnen. Hij ziet zo'n beetje dat Koko, zijn knuffelkrokodil, op het kastje naast zijn bed staat. Alles is nog steeds zoals het altijd was. Hij kan gerust weer gaan slapen.

Maar opeens, daar is het weer! Er glijdt een smal lang licht langs het plafond, een witte slang van flits. Het is doodeng.

'Een lampenworm!' gilt Kasper. 'Er is een lampenworm in mijn kamer!' Hij weet zich geen raad, hij moet ervan huilen.

Dan gaat ineens het licht aan en pappa staat in de kamer.

'Wat is er dan jochie?' vraagt hij.

'Daar, daar!' roept Kasper. Hij zit rechtop in zijn bed en wijst naar boven. 'Daar was een lampenworm. Er kwam een lichtenbeest voorbij!'

'Een lampenworm?' zegt pappa. 'Dat kan toch niet, want die bestaat toch niet? Heb je soms een nachtmerrie gehad? Zo noemen ze een nare droom, een nachtmerrie. Kijk maar rond, je ziet toch dat er niks engs is in je kamer? Kom, ga nou maar weer lekker slapen, dan stop ik je nog even in en dan doe ik het licht weer uit.'

Pappa stopt hem weer stevig onder zijn dekentje en geeft hem een zoen op zijn bol. Daarna staat hij op, doet het licht uit en wil weggaan.

Maar dan opeens ziet Kasper het weer: door de kier van het gordijn kruipt een lampenworm van licht naar binnen.

'Pap,' fluistert hij, 'pap, daar heb je hem weer.'

Pappa draait zich om en kijkt.

'O, dat?' lacht hij. 'Bedoel je dat? Dat komt van auto's, jongen. Als een auto met zijn grote koplampen buiten langsrijdt, schijnt hij door die kier van je gordijn tegen het plafond aan. Als hij dan voorbijgaat draait die lichtstraal vanzelf mee. Snap je?'

Pappa blijft nog even op de rand van het bed zitten. Buiten horen ze een auto toeteren. Even later zien ze de lampenworm van die auto langs het plafond glijden. Samen kijken ze naar de mooie, stille lichtshow.

Het waarom

Kasper heeft het waarom. Dat is een niet-erge ziekte. Overal wil hij het fijne van weten dus bij alles vraagt hij 'waarom?'. Hij kan het niet laten, dat kan hij niet helpen.

Ook nu weer. Opa is op bezoek en hij zit voor het raam de krant te lezen. Dat vindt Kasper maar saai.

'Opa, wil je met mij Memory spelen?' vraagt hij. 'Met die kaartjes die je om moet draaien? Dat vind ik zo leuk, want van jou win ik altijd.'

'Nou even niet,' zegt opa. 'Ik wil eerst de krant lezen.'

'Waarom?' vraagt Kasper.

'Gewoon, omdat ik wil weten wat erin staat,' zegt opa.

'Waarom?' vraagt Kasper.

'Als ik de krant lees,' legt opa uit, 'weet ik of Ajax gewonnen heeft met voetballen.'

'Waarom?' vraagt Kasper.

'Omdat die van Ajax veel beter kunnen voetballen, natuurlijk,' zegt opa ongeduldig.

Kasper is even stil. Dan vraagt hij: 'Waarom?'

'Ja, hoor eens,' zegt opa. 'Je moet me niet de hele tijd met dat waarom aan mijn kop zeuren, begrepen? Zo krijg ik de krant nooit uit.'

Hij gaat door met lezen. Kasper kruipt tegen hem aan.

'Dat vinnik niet aardig hoor,' zegt hij, 'als jij zo praat.'

'Waarom?' vraagt opa.

'Omdat jij mij plaagt,' zegt Kasper.

'Waarom?' vraagt opa.

Kasper weet zo gauw geen antwoord.

'Nou, goh,' zegt hij 'jij zegt altijd... altijd maar... Jij bent een stomme...

'Waarom?' vraagt opa vriendelijk.

Dan komt mamma de kamer binnen.

‘Ik heb macaroni gemaakt, komen jullie eten?’
‘Waarom?’ zegt opa.
‘Waarom?’ zegt Kasper.
‘Daarom,’ zegt mamma.
Daar moeten ze alledrie om lachen.

Hebt u een ogenblikje?

Kasper speelt dan wel met zijn rode autootje, maar eerlijk gezegd verveelt hij zich. Dat komt doordat mamma niet mee wil spelen, die hangt maar de hele tijd aan de telefoon om met opa te praten.

'Ja maar vader,' zegt zij nu, 'wat moet jij nou met een breedbeeld? Jij kijkt toch alleen maar naar voetballen. Denk nou maar eerst eens na voor je die nieuwe televisie gaat nemen.'

Opa wil een nieuw televisietoestel kopen, dat had hij al aan Kasper verteld. Maar waarom moeten ze daarover zo lang bellen?

Eindelijk is mamma klaar. Ze staat op en gaat de kamer uit, naar boven. Nou is Kasper weer alleen.

Hij bekijkt op de tafel het telefoontoestel. Hij weet best hoe je opbellen moet doen. Je haalt de praathoorn eraf, je drukt op een paar van die knopjes en kwebbelkwebbel maar. Makkelijk zat. Wat mamma kan, kan ik ook, vindt hij.

Dus hij klimt op de stoel aan tafel, neemt de hoorn van de haak en drukt op allerlei knopjes. Toet-toet hoort hij soms. Dan weer bliep, bliep, bliep, tingeling. En ook piep piep pieiep. Of toet bliep, toet, piep, toet, pingeling. Er is altijd wel iets, zo hoor je nog eens wat.

Maar dan opeens hoort hij de stem van een juffrouw!

'Met Prins en De Koning spreekt u,' hoort hij. 'Hebt u een ogenblikje?'

Kasper kijkt verbaasd in de hoorn. Zomaar een prins en een koning aan de lijn, dat heeft hij nog niet eerder meegemaakt.

'Bedankt voor 't wachten,' hoort hij dan. 'Op wie wacht u?'

'Weet je,' zegt Kasper maar, 'opa neemt een nieuwe televisie.'

'Zo zo,' zegt de juffrouw 'krijgt je opa een nieuwe tv? Dat is leuk om te horen zeg.'

'Ja,' zegt Kasper en verder zegt hij niks meer want meer weet hij niet.

'Goed dat je gebeld hebt,' zegt de juffrouw ten slotte. 'Maar nu moet ik weer verder, want er zijn nog meer meneren die opbellen. Doe je opa de groeten.'

'Goed,' zegt Kasper. Dan is de juffrouw er niet meer, er is alleen nog maar toettoettoet.

Hij legt de praathoorn weer op het toestel. Eigenlijk wil hij de juffrouw van de prins en de koning weer bellen. Maar dan opeens gaat de telefoon uit zichzelf rinkelen!

Kasper schrikt zich rot. Wat moet hij nu doen?

Hij durft haast de hoorn niet op te nemen maar hij doet het toch.

'Ja hallo hier,' zegt hij. 'Met mij, met wie?'

'Dag Kasper, met opa,' hoort hij. 'Kan jij mamma even roepen? Ik heb een televisie gekocht.'

''s Goed,' zegt Kasper en dan heel deftig: 'Hebt u een ogenblikje?'

De eerste koe

Het is vakantie en Kasper is met mamma en pappa naar een zomerhuisje gegaan. Er zijn daar veel bomen om het huisje heen en als Kasper de deur uit gaat staat hij meteen in het gras, waar allerlei kleine beestjes doorheen lopen. Miertjes, torretjes, kevertjes, wormpjes, Kasper bekijkt ze allemaal heel goed.

Hij heeft een paar van zijn spullen van thuis meegenomen, omdat het voor die spullen een beetje zielig is als ze alleen zonder Kasper in zijn kamer moeten achterblijven. Dus de beer mocht mee, zijn liefste knuffel, de brandweerwagen, zijn stoerste auto en zijn beste boek.

Het dierenrijk, zo heet dat boek. Mamma heeft het zo vaak voorgelezen, dat hij het uit zijn hoofd kent. Dus eigenlijk kan hij zelf al lezen. De eend zegt kwak, dat staat bij het plaatje van de eend. Ook staat in het boek: De kip zegt tok. Het varken zegt knorknor en de koe zegt boe! Dat weet Kasper allemaal.

Meteen de eerste middag gaat hij een ommetje lopen met pappa. Achter hun huisje is een weg waar geen auto's mogen komen. Aan de ene kant is bos met bomenstruiken en bladeren, aan de andere kant is een groot, groen, plat weiland. En dan ziet hij achter in het weiland een echte heuse koe staan. Het is net zo'n koe als in Kaspers boek staat, met zwartwitte vlekken, maar dan veel groter. Deze is niet uit een boekje, deze is echt.

Samen met pappa loopt Kasper ernaartoe en blijft een hele tijd kijken. Het is wel een lieve koe, maar hij is ook een beetje sloom. Hij eet wat gras uit de grond en kijkt dan een beetje kauwgummend voor zich uit. Dat is alles.

'Zullen we weer verder lopen?' vraagt pappa.

Maar Kasper vindt dat dikke beest zo mooi, hij wil nog even blijven kijken.

Dan stapt de koe heel langzaam op ze af.

Hij sloft door het gras, hij blijft voor ze stilstaan en hij kijkt ze met grote bruine ogen aan.

'Hoi koe,' zegt Kasper maar. 'Boe boe.'

De koe buigt zich langzaam voorover, doet zijn bek open en bromt dan heel hard: 'Mwoaah!!' Het klinkt alsof hij een grote boer laat.

'Hij zegt geeneens boe,' zegt Kasper, 'en in mijn boek van het dierenrijk staat toch boe.'

'Hij kan zeker niet netjes boe zeggen,' zegt pappa. 'Dat komt omdat hij jouw boek niet kan lezen. Stomme koe, vind je niet?'

Kasper moet lachen. 'Die koe is niet stom,' zegt hij. 'Maar mijn boek is stom.'

Ze lopen weer verder en Kasper kijkt nog één keertje om naar de eerste koe uit zijn leven.

Bliksem Alonso

Samen met pappa kijkt Kasper naar de televisie, want er is een wedstrijd van raceauto's aan de gang. Dat is nog spannender dan kabouter Plop.

Hele lage auto's met hele brede banden scheuren voorbij. De ene zegt broembroemm, de ander bromt vroemvroemm en de derde is meer van whaaam! Kasper zit met grote ogen te kijken. De blauwe wagen is het snelste en dus de mooiste, vindt hij. In de blauwe wagen zit Alonso, de beste chauffeur van allemaal. Als Alonso gewonnen heeft, kan de televisie ook uit.

Kasper kijkt nog een beetje uit het raam om na te denken. En opeens weet hij het zeker: eigenlijk is hij helemaal geen Kasper, eigenlijk is hij iemand anders, eigenlijk is hij Alonso, de vlugste van de hele wereld. Alonso is nog sneller dan de wind of de bliksem. Bliksem Alonso is zijn naam.

Hij gaat het gauw aan mamma vertellen, dan weet die het alvast. Mamma kijkt ervan op.

'Ben jij nou die beroemde Alonso?' zegt zij. 'Goh, dat wist ik nog niet.

Dat is niet niks. We gaan zo eten. Ga jij nog maar even met je autootjes spelen.'

Kasper gaat met zijn blauwe Alonso-autootje spelen, hij oefent er vooral veel scherpe bochten mee, want als je een beetje Alonso bent, moet je dat wel kunnen.

'Kasper!' roept mamma na een tijdje uit de keuken. 'Het eten is klaar! Kom je aan tafel?'

Kasper hoort het wel, maar hij gaat gewoon door met zijn broem-broem en vroem-vroem.

'Kasper!' roept mamma weer. 'Kom je nou eens eindelijk? Ik heb spaghetti met tomatensaus en ham! Dat vind jij toch zo lekker?'

Kasper vindt spaghetti echt erg lekker, maar toch komt hij niet.

'Ik ben Kasper helemaal niet!' roept hij terug. 'Dat weet je toch? Ik ben toevallig wel Alonso hoor.'

'Sorry,' zegt mamma. 'Was ik even vergeten. Meneer Alonso, zou u zo goed willen zijn om met ons het avondeten te gebruiken?'

Dan wil Kasper, of liever gezegd Alonso, wel aan tafel komen. Omdat hij Bliksem Alonso is, eet hij alle spaghetti ook bliksemsnel op.

'Ja ja,' zegt pappa, 'als jij echt Bliksem Alonso bent, dan breng ik je ook als de bliksem naar bed. Kom op!'

Nog nooit is Kasper zo snel gaan slapen. Als een speer duikt hij onder zijn deken.

De volgende morgen is hij het nog niet vergeten, hij is nog steeds Alonso. Hij gaat weer met zijn blauwe Alonso-auto spelen.

Dan gaat de bel. Er komt een mevrouw op visite. Zij heet Esther en ze is een vriendin van mamma. Ze gaan koffie drinken met koekjes en ze kwebbelen en lachen aan een stuk door.

Al die tijd gaat Kasper gewoon door met racen, maar hij wil langzamerhand ook wel eens een koekje en hij wil bovendien zijn mooie auto laten zien. Dus gaat hij naar mamma toe en komt er eens bij staan.

'Kijk eens aan,' zegt de vriendin Esther vriendelijk. 'Wie hebben we hier? Wie ben jij dan wel?'

Kasper is even stil. 'Ik weet het niet,' zegt hij dan. 'Soms ben ik Kasper en soms ben ik Bliksem Alonso, de snelste van de hele wereld.'

'O, zit dat zo?' zegt vriendin Esther. 'En wie van de twee moet ik nu een knuffel geven? Kasper of Bliksem Alonso?'

'Doe vandaag Kasper maar,' zegt Kasper.

De vlinder

Ze wonen nu al een paar dagen in hun eigen vakantiehuisje, pappa, mamma en Kasper. Elke dag is het mooi warm weer, dus elke dag mag Kasper buiten spelen, zonder jasje aan.

Kasper eet vlug zijn boterham met jam op en gaat naar buiten om op zijn driewielfiets te rijden. Er zit nog jam aan zijn vingers.

Hij rijdt een rondje op het platje voor het huis en hij rijdt over het pad naar het tuinhek. Dat tuinhek staat open, dus hij kan meteen doorrijden, de weg op.

Het is stil op straat. Het is zo warm dat er die middag geen mensen lopen en geen auto's rijden. Kasper fietst maar vrolijk verder.

Er is zo veel te zien. Hij ziet groene planten waar witte bloemetjes aanzitten. Hij ziet in het gras een zielige auto staan die zijn wielen heeft verloren. De zon schijnt door het kapotte dak heen en een boomtakje steekt erboven uit.

Er zijn ook zoemende bijtjes. Die ziet hij wel niet, maar hij kan ze overal horen.

Opeens is er een echt konijntje dat zomaar oversteekt. 'Dag konijn,' zegt Kasper.

Het konijn staat even stil en kijkt Kasper aan met zijn grote bruine ogen. Hij trilt zenuwachtig met zijn neus, maar hij is niet bang voor Kasper. Konijnen zijn nooit bang voor kinderen.

'Doei!' roept Kasper nu. Het konijn hipt gauw weg, de struiken in met zijn kontje omhoog.

En dan fladdert er een vlinder vlak voor Kasper uit. Kasper blijft stilstaan met zijn driewieler en houdt zichzelf ook doodstil, hij beweegt zich niet.

De vlinder vliegt omhoog, maar daarna landt hij zomaar op Kaspers hand, precies op de vinger waar nog jam aan zit!

Hij voelt hem een heel klein beetje kietelen.

Hij kan hem nu goed van dichtbij bekijken. De vlinder is groot, wit met gele stippen en een blauw randje.

Kasper doet langzaam zijn hand omhoog zodat zijn vlinder weer veilig kan opstijgen naar de blauwe lucht.

Dan fladdert hij een ommetje en komt weer terug bij Kasper. Dat is omdat hij Kasper aardig vindt, maar ook omdat hij de jam op Kaspers vinger lekker vindt.

Om hem niet te laten schrikken houdt Kasper al die tijd zijn mond. Hij kijkt alleen maar naar die zachte witte vleugels en houdt zijn adem in.

Ten slotte vliegt de vlinder weg.

Kasper zwaait nog even naar hem.

'Kasper!!!' hoort hij opeens achter zich schreeuwen.

Hij kijkt om, het is zijn moeder die aan komt hollen.

'Waar was je nou?' zegt ze. 'Ik was je kwijt. Weet je dat je wel een kilometer van huis was? Mamma was heel ongerust, weet je dat?'

Ze pakt hem bij zijn arm en kijkt hem streng aan.

Kasper kijkt met grote ogen terug. Hij is een beetje bang. Is mamma nou boos?

Maar mamma tilt hem van zijn fietsje op, neemt hem in haar armen en geeft hem een stevige knuffel.

'Jongen,' zegt zij, 'jongetje toch. Ik ben zo vreselijk blij dat ik je teruggevonden heb. Ik vergeet helemaal om kwaad op je te zijn.'

Ze geeft hem een dikke zoen en dan gaan ze terug naar hun vakantiehuisje, hij op zijn fietsje en mamma wandelt ernaast.

Maar nu heeft hij nog niets kunnen vertellen van de kapotte auto, het konijn en de vlinder die op zijn hand was.

Het kwijte woord

Als Kasper wakker wordt, merkt hij dat hij het nieuwe woord kwijt is. Gisteren hoorde hij het voor het eerst toen hij bij Sofie thuis aan het spelen was. Gisteren wist hij het nog, maar nu kan hij het zich niet meer herinneren. En het was nog wel zo'n mooi woord.

Bij het ontbijt vraagt hij tussen twee happen muesli door aan mamma: 'Kan jij mij helpen? Ik ben een grappig woord kwijt. Gisteren kreeg ik het kwijte woord te eten van de moeder van Sofie. Het was groen en het was geen snoep en het was toch lekker. De naam van het hapje begon met iets van pijn. Het heette Anoek of zo, maar dan anders. Kom, help me nou even. Jij weet het toch wel, want jij weet alle woorden die er zijn.'

'Iets met pijn dat je kan eten?' vraagt mamma. 'Iets dat groen is en geen snoep en dat toch lekker is? Al sla je me dood, ik zou het niet weten. Geeft niks, joh. Jij leert elke dag zoveel nieuwe woorden. Dan mag je er best eens eentje vergeten. Kom op, ga je mee? Gaan we boodschappen doen in de supermarkt.'

'Nee!' roept Kasper. 'Ik wil eerst mijn kwijte woord terug, anders ga ik niet mee. Het zit heus in mijn hoofd, maar het wil niet naar mijn mond komen.'

'Kom nou maar mee,' zegt mamma. 'Je moet gewoon even iets anders doen en aan andere dingen denken. Dan komt je kwijte woord, hups, opeens vanzelf weer tevoorschijn. Dat zul je zien, echt waar.'

Nou vooruit, denkt Kasper. Als mama mij zo nodig mee wil hebben dan moet het wel. En hij trekt zijn jas aan.

In de supermarkt mag hij zelf alle boodschappen rondrijden in het wagentje, kaas en brood, chips en cola.

Als ze vlakbij de kassa zijn, staat mamma opeens stil. Ze kijkt op het papiertje dat ze bij zich heeft.

'Augurken,' zegt ze. 'Ach gut, ik ben helemaal de augurken vergeten.

Pas jij even op ons wagentje, dan ga ik nog gauw even een potje augurken pakken.'

Kasper moet nu vreselijk hard lachen. 'Au-gurk!' roept hij blij. 'Augurk, dat was het kwijte woord dat ik zocht, Au-gurk. Ik zei toch dat het met pijn begon? Au-gurk.'

Hij staat te dansen van plezier. Au-gurk, augurk!

Augurk, augurk!

De juffrouw van de kassa zit maar raar te kijken.

Zij begrijpt er helemaal niets van.

Het plan

Kasper heeft een plan. Wat hij gisteren heeft verzonnen gaat hij vandaag doen.

Hij gaat naar de speeltuin bij het park. Hij stapt stevig door. Als hij er gauw is, kan hij gauw aan zijn plan beginnen. In zijn broekzak voelt hij de knikker zitten die hij heeft meegenomen. Het is zijn lievelingsknikker, die ene met de rode en de blauwe vlam in het glas.

In de speeltuin gaat hij meteen naar de glijbaan en klimt langs het trapje naar boven. Hij houdt zich vast aan de ijzeren leuning. Als hij boven is, kijkt hij eerst om zich heen, dan haalt hij zijn knikker tevoorschijn. Voorzichtig legt hij die bovenaan de glijbaan en geeft hem een zetje. Hij rolt keihard naar beneden en ploft daar in het zand neer. Kasper glijdt maar vlug achter hem aan en als hij beneden is, raapt hij hem voorzichtig op.

Dit was Kaspers plan en dat plan is gelukt.

Omdat de knikker het zo leuk heeft gevonden en Kasper zelf ook, gaan ze samen weer naar boven en nu gaan ze tegelijk omlaag, naast elkaar. De knikker is het eerst beneden.

'Nog een keer?' vraagt Kasper en daar gaan ze weer. Dit keer glijdt Kasper het vlugste, hij heeft gewonnen. Hij raapt zijn knikker op, steekt hem bij zich en kijkt om. Zo te zien zou je best langs de glijbaan weer omhoog kunnen klimmen. Zo steil en hoog is het nou ook weer niet.

Voorzichtig probeert hij het. Hij houdt de randen stevig vast en stukje bij beetje hijst hij zich op zijn knieën over de gladde glijbaan naar boven. Het lukt! Trots kijkt hij rond als hij boven is.

Nu moet hij weer terug naar de grond. Hij kan langs het trapje achter naar beneden stappen. Maar, denkt hij, je kan natuurlijk ook de ijzeren leuning naast het trapje afglijden. Dat gaat hij dan maar doen.

En zo komt hij erachter dat je een glijbaan ook achterstevoren andersom kan doen.

Koko's eigen schuld

Kasper is bezig met zijn legoblokjes en Koko Krokodil zit naast hem om te helpen. Hij wil een hele hoge, smalle toren maken, maar het wil niet echt lukken. Er is telkens wel een blokje dat zich niet goed wil vasthouden aan het andere blokje eronder en dan valt de toren weer om.

Mamma komt de kamer binnen met een vaas vol paarse bloemen. Die zet ze neer in een hoek van de kamer, naast de stoel. Kasper wil dat mamma even komt helpen met de legoblokjes, maar mamma heeft nu geen tijd voor hem.

'Ik moet eerst even wat anders doen in de keuken, lieverd,' zegt ze. 'Maar daarna kom ik bij je.'

Dus Kasper gaat maar in zijn eentje verder peuteren aan zijn lego. Ja, Koko zit wel bij hem om te helpen, maar aan Koko heeft hij niets. Die steekt geen poot uit.

Als Kasper probeert om bovenin zijn toren nog langer en hoger te maken, breekt die aan de onderkant weer af. Shit, mompelt hij. Dat kan hij niet helpen, dat denkt hij nu eenmaal. En al die tijd zit Koko er maar naast te niksen.

'Stom beest!' zegt Kasper en hij geeft Koko een harde trap, zodat die naar de andere hoek van de kamer vliegt.

Hij komt tegen mamma's vaas met bloemen aan. Vaas valt om! Bloemen en water op de grond!

Oeps, denkt Kasper. Maar ja, moet Koko maar niet zo stom zijn. Hij draait zich om en gaat verder met prutsen met zijn rug naar Koko en de omgevallen vaas.

Dan komt mamma de kamer binnen. Zij ziet de natte rommel op de grond.

'Wat is hier gebeurd?' vraagt ze. 'Kasper, wat heb je gedaan?'

'Weet ik veel,' zegt Kasper, 'ik dee niks.'

'O ja?' zegt mamma, 'en wie heeft dan die troep daar in de hoek gemaakt? Die arme bloemen liggen allemaal op de grond!'

'O, dat,' zegt Kasper, 'dat heeft Koko Krokodil gedaan. Koko is stom en stout, wist je dat?'

'Heeft de krokodil dat echt gedaan?' vraagt mamma. 'Kijk me eens aan, Kasper. Heeft hij misschien toch ietsiepietsie een zetje gekregen van iemand anders?'

'Ja hoor eens,' zegt Kasper, 'dat kon ik niet helpen, dat deed mijn voet. En die deed het per ongeluk.'

'O, zit dat zo?' lacht mamma. 'Wat een stomme voet heb jij zeg.'

'Ja,' zegt Kasper en hij geeft zijn eigen voet een tik.

'Wat zegt je voet nou?' vraagt mamma.

Kasper denkt even na en zegt dan. 'Sorry.'

IWOSYG

Pappa wil niet met Kasper spelen, hij is aan het computeren. Kasper komt kijken of hij kan helpen, maar pappa zit op een tikmachine allemaal knopjes in te drukken en dan komen er allerlei letters op het televisiescherm voor zijn neus.

'Ik ben even een brief aan het schrijven,' legt hij uit. 'Daar kan jij nog niet mee helpen. Maar als jij groot bent, kan jij het ook, dan mag jij met me meedoen. Goed? Ik ga nu even koffie halen, zal ik voor jou ook iets te drinken meenemen? Ik ben zo terug!'

Hij gaat de kamer uit en Kasper blijft alleen achter. Hij kijkt naar pappa's knopjes en de letters op het scherm. Hij wil nu zelf ook wel eens op die mooie knopjes drukken. Zo moeilijk kan dat toch niet zijn. Wat pappa kan, kan ik ook.

Zo drukt hij op de mooiste knopjes die hij ziet. Het maakt een zacht grappig geluid. Dan doet hij nog een paar knopjes.

Even later komt pappa weer terug met koffie en cola.

'Hee!' zegt hij. 'Wat krijgen we nu? Heb jij aan mijn computer gezeten? Laat eens kijken.'

Hij kijkt op het scherm. 'Dat is gek,' zegt hij. 'Daar staat opeens: iwosyg. Heb jij dat geschreven?'

'Heb ik dat geschreven?' vraagt Kasper.

'Ja jongen, iwosyg, dat heb jij zomaar op de computer getikt,' zegt pappa.

'Iwosyg, wat is dat?' vraagt Kasper.

'Dat weet ik toch niet?' zegt pappa. 'Dat is een nieuw verzonnen woord dat jij hebt uitgevonden. Iwosyg is dat woord. Wacht, ik zal het even voor je uitprinten.'

Hij drukt op een paar knoppen en na een tijdje komt er een papier tevoorschijn uit het apparaat naast het scherm. Daar staat Kaspers woord op.

‘Alsjeblieft,’ zegt pappa. ‘Op dit papier staat het alderallereerste woord dat jij ooit op een computer hebt getikt.’

Kasper is er wel trots op. Hij gaat er meteen mee naar mamma.

‘Hier,’ zegt hij, ‘mijn eerste nieuw verzonnen woord, helemaal zelf geschreven op de computer. Nu moet jij het voorlezen.’

En mamma leest voor: “Zeer geachte heer, In antwoord op uw schrijven van 19 april jongstleden kunnen wij u mededelen dat wij inderdaad iwosyg”.

‘Dit papier zal ik heel goed bewaren in een heel speciaal mapje,’ belooft mamma.

Even afrekenen

Kasper en mamma zijn in de supermarkt. Mamma is druk bezig met allemaal boodschappen uitzoeken voor het eten en Kasper scharrelt intussen wat in zijn eentje rond. Hij ziet een leeg boodschappenkarretje staan dat helemaal alleen is. Naast hem staat alleen maar een doos met flessen.

Kasper klimt op de doos en stapt in het karretje. Dat is voor het karretje ook veel gezelliger. Hij doet nu of het karretje een snelle auto is. Hij gaat wel niet vooruit, maar dat geeft niet. Dit is gewoon net-alsof en dat is ook mooi.

Opeens merkt hij dat hij toch aan het rijden is! Hij glijdt vooruit langs de blikken met soep en worstjes. Kasper houdt zich aan de randen vast en kijkt eens om hoe dat toch komt dat hij zomaar echt vooruit gaat.

Het is Jaap, de lange jongen van de buren, die hem aan het duwen is. Hij zegt niets tegen Kasper, hij kijkt hem niet eens aan, maar hij loopt door met een gezicht alsof het heel gewoon is wat hij doet. Hij duwt Kasper in zijn karretje doodleuk naar de kassa waar de juffrouw zit te wachten.

'Ik wou dit jongetje graag even afrekenen,' zegt hij tegen de juffrouw. 'Hoeveel krijgt u van mij?'

'Even kijken,' zegt de juffrouw, 'dat wordt dan tweehonderdtachtigduizend euro en vijfenzestig cent. Spaart u airmiles?'

Kasper begint het nu toch een beetje eng te vinden. Hij wil niet zomaar ineens te koop zijn. Hij kijkt benauwd om zich heen waar zijn moeder is.

Maar lange buurjongen Jaap zegt alleen maar: 'Wat? Meer dan twee ton betalen voor zo'n kleine snotneus? Hoor eens, daar begin ik niet aan.'

Hij tilt Kasper op en zet hem weer terug op de grond. Hij zet het karretje weg bij de andere karretjes en loopt door zonder om te kijken.

Kasper gaat maar weer de winkel in om mamma te zoeken. Hij vindt haar algauw bij de sinaasappels en de bananen. Hij pakt meteen haar hand beet omdat hij blij is dat hij weer bij haar terug is.

'Zo,' zegt mamma, 'was jij daar weer? Wat heb jij allemaal uitgespookt?'

'Niks speciaals hoor,' zegt Kasper. 'Ik heb alleen een eindje rondgereden tot bij de kassa en daar was ik heel veel waard, zei de juffrouw. Wel honderdduizendmillioen, zei ze. Of zoiets.'

'Nou, voor mij ben je nog veel meer waard,' zegt mamma.

Onder het bed

Kasper heeft van pappa een zaklantaarn gekregen. Dat is voor 's nachts, dat hij niet bang hoeft te zijn voor boeven, spoken, monsters of draken in het donker. Als die even langs willen komen terwijl hij in bed ligt hoeft hij maar even met zijn lamp te schijnen en weg zijn ze.

Maar voor de draak Sjaak moet je toch uitkijken. Die kruipt stiekem onder Kaspers bed en dan gaat hij klieren met zijn neusgaten als aansteekers en zijn ogen als achterlichten.

Nu heeft pappa Kasper naar bed gebracht. Hij heeft nog onder zijn bedje gekeken en hij heeft geroepen: 'Sjaak, draak ben je daar?' Maar Sjaak was er niet.

Toch vertrouwt Kasper het niet helemaal. Pappa heeft hem ingestopt en hij heeft het licht uitgedaan. En Kasper ligt maar op zijn rug naar het donker te kijken. Alle dingen in zijn kamer zijn half zwart geworden. De handdoek naast de wastafel lijkt zo net een grijs spookje. Misschien is het ook wel een echt spookje. Kasper is daar niet bang voor. Welnee, helemaal niet. Hij houdt zich goed vast aan zijn zaklantaarn en zo valt hij zoetjesaan in slaap.

Hij droomt van boze boeven en van Sjaak de draak met klauwen zo groot als graafmachines, die zomaar auto's omkiepert. Daar schrikt hij zo van dat hij wakker wordt. Hij houdt zich stil en luistert of hij de draak hoort. Heeft die zich misschien onder het bed verstopt? Zou toch kunnen?

Kasper kijkt over de rand van het bed en schijnt met zijn lamp op de grond.

'Kom maar tevoorschijn Sjakie drakie,' roept hij stoer. 'Ik heb je wel door.'

Maar draak Sjaak komt niet opdagen. Hij is niet gek, die kijkt wel uit. Of hij durft niet, dat kan ook nog. Zal ik onder bed gaan kijken? denkt Kasper. Als hij echt gaat kijken, ziet hij misschien wel de enge draak recht in zijn ogen. Maar als hij niet kijkt blijft hij de hele nacht bang voor Sjaak en dan kan hij niet slapen.

Ten slotte besluit hij om toch maar te durven. Hij kruipt uit bed en stapt met zijn blote voetjes op de koude vloer. Als draak Sjaak onder het bed is kan hij zijn voeten nu zien.

Kasper blijft dapper. Hij bukt zich en kijkt met zijn lamp onder het bed.

Daar is het helemaal leeg. Niks en niemand te zien. Er ligt alleen één rood legoblokje en dat raapt hij vlug op.

Wat nu? Moet hij maar gewoon weer terug gaan in zijn bed onder zijn deken?

Daar heeft hij geen zin in. Misschien komt draak Sjaak toch nog stiekem langs later in de nacht. Je weet het maar nooit met die draken.

Hij verzint iets anders. Hij trekt het dekentje van zijn bed en pakt zijn kussen. Die legt hij onder zijn bed op de grond en daar gaat hij liggen.

Als Sjaak langskomt ziet hij vanzelf dat er geen plaats meer is voor draken en dan gaat hij meteen ook weer weg. Trouwens, draken bestaan geeneens.

Zo valt Kasper in slaap onder zijn eigen bed met de zaklantaarn in zijn armen.

En zo vindt mamma hem de volgende morgen.

De tandendokter

Kasper zit zoet zijn ontbijt op te eten. Hij heeft yoghurt met besjes erin en knuffel Koko Krokodil zit gezellig naast zijn bordje.

Maar Koko Krokodil is erg nieuwsgierig. Hij kukelt met zijn grote bek zomaar in Kaspers bordje. Nu zit er yoghurt op zijn neus.

'Stom beest!' roept Kasper tegen hem. Hij pakt Koko beet en smijt hem ver van zich af op de grond. Daar blijft Koko liggen onder de luie stoel.

Mamma komt de kamer binnen. 'Schiet je een beetje op, lieverd,' zegt ze. 'We moeten zo meteen naar de tandarts.'

De tandendokter, daar heeft Kasper vandaag helemaal geen zin in.

'Ik hoef niet naar de tandendokter,' zegt hij. 'Ik heb toch geen kiespijn?'

'Hij wil alleen even in je mond kijken om te zien of er geen kleine gaatjes in je tanden zitten,' zegt mamma. 'Hij gaat heus niet peuteren of boren. Wees nu niet bang en eet nou maar lekker door.'

Toch vertrouwt Kasper niet zo wat mamma zegt. Hij gaat er langzamer door eten. Maar even later komt mamma met zijn jasje aanzetten.

'Kom op,' zegt ze. 'Nog één hapje en we gaan.'

'Nee,' zegt Kasper. 'Ik wil dat Koko met me meegaat. Want Koko wil niet alleen thuisblijven!'

'Nou, pak Koko dan,' zegt mamma. 'En vlug een beetje.' Maar Koko is weg, kwijt en zoek.

'Waar is hij dan?' vraagt mamma.

'Weet ik veel!' roept Kasper. 'Hoe kan ik dat nou weten?'

Hij kijkt overal om zich heen.

Mamma zucht.

'Rustig maar,' zegt mamma. 'Ga hem maar gauw zoeken. Denk nou even na. Waar heb je hem voor het laatst gehad?'

Kasper luistert niet. Hij gaat zenuwachtig zoeken. Hij kijkt onder de kast. Hij vindt wel zijn knikker met de rode en blauwe vlam, maar niet Koko Krokodil.

Hij gaat naar zijn kamer. Hij vindt daar wel zijn blauwe auto. (Hij wist niet eens dat hij hem kwijt was.) Die lag in zijn bed onder zijn vuile sokken. Maar hij vindt er geen Koko Krokodil.

Hij gaat naar de keuken en kijkt in de ijskast. Daar zijn ijsjes en toetjes, maar er is geen Koko Krokodil.

'Laat die krokodil nou maar,' zegt mamma. 'We moeten nu echt weg. We mogen niet te laat komen.'

Ze pakt zijn hand vast, maar Kasper trekt zich los.

'Nee, nee, nee!' roept hij. Hij laat zich vallen en stompt met zijn vuisten op de grond. En dan ziet hij Koko liggen. Vlak voor zijn neus, onder de luie stoel.

'Waar zat je nou, Koko?' zegt hij. 'Je hoeft echt niet bang te zijn voor de tandendokter, hoor. Hij wil alleen even in je grote bek kijken om te zien of er geen kleine gaatjes in je tanden zitten. Kom op, we gaan.'

En zo gaan Koko, Kasper en mamma met zijn drieën naar de tandarts.

Dat is gelukkig een vriendelijke meneer. Hij laat Kasper zien wat zijn grote luie stoel allemaal kan. Hij kan zachtjes op en neer alsof hij een lift is en als de tandendokter op een knopje drukt gaat hij languit achterover en weer terug rechtop.

Kasper vindt dat allemaal machtig interessant, maar toch gaat hij er liever niet in zitten. Het lijkt wel een machine, zo'n stoel. Laat Koko Krokodil er maar in gaan liggen, vindt hij. Dan kan de tandendokter zo goed zijn krokodillenbek nakijken.

Zelf blijft hij liever bij mamma op schoot zitten. Zo kan de dokter toch ook in zijn mond kijken? Daar is zo'n ingewikkelde stoel helemaal niet voor nodig. Dat hoeft niet van Kasper. Braaf doet hij nu zijn mond wijd open. De tandendokter bekijkt alles goed met een ijzeren stokje dat geen pijn doet en een piepklein spiegeltje. Het is helemaal goed, hij heeft niks geen gaatjes. Ook Koko's gevaarlijke bijttanden mankeren niets, want krokodillen snoepen nooit.

Dood vogeltje

Vandaag heeft Kasper geen zin in zandbak. Er zijn geen andere kinderen die hij kent om mee te spelen. Dus hij laat zijn emmer en zijn schepje achter en gaat een beetje rondsnuffelen achter en onder de struiken verderop.

Daar is het veel spannender dan op het grasveld of langs het rechte pad. Het is er donker en geheimzinnig, het ruikt er naar nat hout. Er liggen bladeren met verschillende kleuren op de zwarte grond, gele, groene en bruine bladeren.

Kasper kijkt overal rond, misschien vindt hij wel een geheime schat, of een kwijtgeraakt horloge.

Opeens staat hij stil. Hij ziet iets vreemds, iets wat er heel raar uitziet. Daar ligt een vogeltje, een zwartbruin vogeltje. Het ligt daar maar stil, het ligt op zijn rug. Zijn oogjes kijken niet echt. Hij kijkt zo eng. Net alsof hij niets meer ziet.

Kasper schrikt. Hij schrikt zich rot. Hij weet zich geen raad, want hij weet niet wat het is. Dit vogeltje slaapt niet, dit is geen slapen meer. Dit is helemaal niet goed. Hij draait zich met een ruk om en rent weg. Hij blijft maar hard doorhollen over het grasveld. Hij wil alleen maar naar mamma toe, die op het bankje bij de zandbak zit. Schreeuwend komt hij op haar af en hij klemt zich aan haar vast. Huilen moet hij, hij kan alleen nog maar huilen.

'Maar jochie,' vraagt mamma bezorgd, 'wat is er dan, wat heb je dan?'

Kasper kan het niet zeggen. 'Daar,' snikt hij. 'Daar daar!' En hij wijst naar de struiken.

'Wat is daar dan?' vraagt mamma. 'Zullen we gaan kijken, zal ik met je meegaan?'

Ze staat op, pakt zijn hand vast en loopt ernaartoe. Kasper wil eigenlijk niet terug naar die plek. Hij durft niet. Maar mamma trekt hem mee. 'Kom nou maar,' zegt ze. 'Ik ben toch bij je.'

Ze gaan de struiken in en daar ziet mamma het.

'Ach gut,' zegt ze. 'Wat zielig nou. Een dood vogeltje.'

Kasper knikt.

'Is dit nou dood?' vraagt hij.

'Ja,' zegt mamma. 'Dit is dood. Dat is erg droevig, maar het is nou eenmaal niet anders. Ach lieverd, was je daardoor zo geschrokken?'

Kasper knikt weer.

'Weet je wat wij gaan doen?' zegt mamma, 'wij gaan bij de zandbak jouw schepje ophalen en daarmee gaan wij dat arme beestje eens netjes begraven.'

Ze halen de schep op en Kasper graaft eerst een kuiltje, zo groot als het vogeltje. Dan kieperen ze het beest er voorzichtig in. Kasper schept er een klein bergje keurig overheen. Daarna gaat hij mooie steentjes zoeken op het pad en die legt hij netjes in een rondje bovenop.

Mamma maakt van twee takjes en een elastiek dat ze gevonden heeft een kruis en zet dat erbij.

'Dat hoort zo bij een graf,' zegt ze. 'Als mensen doodgaan wordt er een kruis bij gezet. Dus bij een vogeltjesgraf moet dat ook.'

Kasper staat te kijken hoe het geworden is. 'Worden alle vogels zo begraven als die van mij?' vraagt hij.

'Was het maar waar,' zegt mamma. 'De meeste vogels gaan gewoon zomaar ergens dood. Zonder kruisje en zonder steentjes. Maar nu is er tenminste één vogeltje bij, dat mooi begraven is.'

De K van Kasper

Kasper weet wat letters zijn. Hij kan ze aanwijzen in zijn voorleesboek, in de krant van pappa en soms zijn ze ook wel op televisie. Hij kan nog niet helemaal lezen, maar hij weet wel wat de beste letter is. Dat is zijn eigen letter, de K van Kasper. Hij kan hem ook al tekenen met een blauw wascokrijtje dat hij van opa heeft gekregen, op roze vouwpapiertjes die hij ook van opa heeft gekregen.

Kasper heeft één papiertje met zijn letter op het bed van pappa en mamma gelegd en er is ook een papier met zijn letter op zijn deur geplakt. Maar hij heeft nog een heleboel vouwblaadjes over. Wat zal hij daar nu eens mee doen?

Kasper gaat naar het balkon en hij neemt zijn blauwe wascokrijtje en zijn stapel papiertjes mee. Hij schrijft zijn letter op een van zijn vouwblaadjes en gooit het over de rand van het balkon, over de bloembak met viooltjes heen. Hij ziet hoe zijn papiertje fladdert in de lucht. Dan dwarrelt het naar beneden en landt het op straat. Kasper maakt nog eens zo'n papiertje en gooit het weer overboord. Nu neemt de wind zijn blaadje mee. Het gaat heel hoog. Het wordt heel ver weg gedreven. Kasper kijkt het na tot het een piepklein papiertje geworden is. Daarna doet hij het nog eens en nog eens. Wel tien keer vliegt zijn letter door de lucht. Zo doet hij de hele stad de groeten.

Kopstootje

Opa en Kasper hebben een tas vol boodschappen ingekocht bij de supermarkt. Pindakaas, jam en chocopasta. Wijn voor pappa en mamma, cola voor Kasper en bier voor opa.

'Ziezo,' zegt opa. 'Nu gaan we eerst maar eens samen naar dat cafeetje daar op de hoek.'

'Waarom?' vraagt Kasper.

'Jij, omdat je ervan leert als je dat ook eens meemaakt en ik omdat ik een heel oude man ben, die dat verdient,' zegt opa. 'Kom maar mee.'

Als ze binnenkomen zegt de baas van het café meteen: 'Zo Karel, ook goejemiddag. Hetzelfde dan maar weer?' en hij zet voor opa een glas bier neer met een klein glaasje ernaast.

'Dat heet een kopstootje,' legt opa uit, 'een pilsje met een glaasje jenever erbij.'

Kasper vindt 'kopstootje' wel een mooi woord, maar zelf wil hij toch liever cola. Hij kijkt eens rond want er is zo veel te zien. Op alle tafels ligt een zacht vloerkleedje. Achter de bar is een grote spiegel met een heleboel rode en blauwe flessen ervoor en rode lichtjes eromheen. In de hoek staat een prachtige gokkast die de hele tijd allerlei lampjes aan en uit knippert. En ze hebben hier zachte muziek aanstaan.

'Nou jongen, proost dan maar weer,' zegt opa. 'Daar ga je!' Hij tilt zijn glas even op en neemt zijn eerste slok. Hij kijkt er heel tevreden bij.

'Zeg opa,' begint Kasper, 'jij bent wel heel erg oud, hè?'

'Dat kan je wel zeggen, ja,' bromt opa.

'Ouwe mensen gaan dood, hè,' gaat Kasper verder. 'Wanneer ga jij dan dood?'

Opa verslikt zich in zijn bier.

'Ben jij nou helemaal belazerd?' zegt hij. 'Doodgaan, daar heb ik een bloedhekel aan, daar begin ik niet aan. Daar pieker ik niet over, tenminste niet de hele tijd. Doodgaan kan altijd nog wel, maar nu even niet. Begrepen?'

Kasper schrikt. Is opa nu boos of zo? Maar gelukkig lacht opa alweer.

'Ach jongen,' zegt hij. 'Dat ik niet dood wil gaan, dat komt door jou. Jazeker. Ik ben veel te nieuwsgierig, Kasper. Ik ben zo nieuwsgierig naar wat voor jongen jij gaat worden. Misschien word jij later wel raceautochauffeur of een zanger met een gitaar. Misschien word jij wel een heel beroemde postbode of een doodgewone ruimtevaarder. Zou allemaal kunnen en dat wil ik allemaal nog meemaken. Weet jij eigenlijk al wat jij later worden wil?'

Daar moet Kasper even over nadenken.

'Ik weet het niet,' zegt hij. 'Ik ben zelf ook nieuwsgierig.'

'Goed zo, jongen,' zegt opa. 'Blijf jij maar je hele leven nieuwsgierig. Weet je wat, we nemen er nog een. Ik mijn kopstootje en jij je cola. Goed?'

Opa bestelt weer en als ze met elkaar klinken, net zoals grote mensen doen, zegt hij ernstig: 'Dit vind ik nou mooi om hier zo met jou te zitten. Echt waar. Dat had ik nooit gedacht dat ik ooit een oude opa zou worden die met zijn kleinzoon in de kroeg een pilsje zit te drinken. Beloof me dat jij ook een opa zal worden met net zo'n fijne kleinzoon.'

'Dat beloof ik,' zegt Kasper.

En beloofd is beloofd.

Colofon

De K van Kasper van Karel Eykman met tekeningen van Patsy Backx
werd in opdracht van uitgeverij De Harmonie te Amsterdam
gedrukt door Krips te Meppel.
Grafische vormgeving Josepha Hulskes

Verschillende verhalen zijn al eens in Sesamstraat voorgelezen
door meneer Aart.

ISBN 978 90 6169 847 0
Eerste druk mei 2008

www.deharmonie.nl